菓子工房オークウッド
横田秀夫のアイデアデザート163

Contents

アイスデザート　8

アイスクリームのシンプルデザート　8

 バニラアイスクリーム
 ＋クルミキャラメルソース
 ＋シガレット生地のカップ　8・11

 バニラアイスクリーム
 ＋スライスパイナップル
 ＋マンゴーパッションソース　9・11

 バニラアイスクリーム
 ＋リンゴジャム＋リンゴチップ　9・11

 バニラアイスクリーム
 ＋抹茶クランブル
 ＋抹茶ホワイトチョコソース　12・14

 バニラアイスクリーム
 ＋ダークチェリーコンポート　12・14

 バニラアイスクリーム
 ＋ベリーコンポート　13・14

 チョコレートアイスクリーム
 ＋チョコレートサブレ＋チョコレートソース　13・15

アイスクリーム＋ペースト、アルコール　16

 チョコレートアイスクリーム＋ラム酒
 ＋バナナのキャラメリゼ
 ＋アングレーズソース　16・18

 バニラアイスクリーム＋カルバドス
 ＋リンゴソテー　16・18

 バニラアイスクリーム＋抹茶ペースト
 ＋シガレット生地の貝殻＋小豆　16・18

 バニラアイスクリーム＋パッションリキュール
 ＋パイナップルソテー
 ＋アーモンドダイスのシガレット生地　16・19

 バニラアイスクリーム＋黒ごまペースト
 ＋黒ごまのシガレット生地＋アングレーズソース
  17・19

 バニラアイスクリーム＋ピスタチオペースト
 ＋ピスタチオのパータフィロ　17・19

 バニラアイスクリーム＋ヘーゼルナッツペースト
 ＋ヘーゼルナッツのパータフィロ　17・19

シャーベット・グラニテ　20

 オレンジのグラニテ
 ＋オレンジゼストコンフィ　20・22

 ブドウのグラニテ＋巨峰　20・22

 ライチのグラニテ＋ナタデココ　20・22

 ストロベリーアニスシャーベット
 ＋苺チップ　21・22

 洋梨のシャーベット
 ＋いちじくの赤ワインコンポート　21・22

 トマトのグラニテ＋プチトマト＋ピンクペッパーの
 シガレット生地＋黒コショウ　21・23

 グレープフルーツのグラニテ
 ＋カンパリフランボワーズ　21・23

 大石プラムのシャーベット
 ＋フランボワーズのギモーブ　21・23

 コーヒーのグラニテ
 ＋カスタードソース　21・23

アイスクリームサンド　24

 カリカリアーモンドメレンゲの
 アイスクリームサンド　24・26

 ギモーブのアイスクリームサンド　25・26

 ブラウニーのアイスクリームサンド　25・26

 ブリオッシュトーストのアイスクリームサンド
  25・27

 スコーンのアイスクリームサンド　25・27

ムース・グラッセ　28

 フランボワーズのムース・グラッセ
 二色のフルーツ仕立て
  ──ベリーニ仕立て　　　28・30
  ──皿盛りデザート　　　28・30

 桃のムース・グラッセ　桃のゼリーとともに
  ──ベリーニ仕立て　　　29・31
  ──皿盛りデザート　　　29・31

 ライムのムース・グラッセ
 マンゴーパッションのサプライズ
  ──ベリーニ仕立て　　　32・34
  ──皿盛りデザート　　　32・34

 チョコレートのムース・グラッセ
 モンブラン仕立て
  ──皿盛りデザート　　　33・35
  ──ベリーニ仕立て　　　33・35

ひんやりデザート　36

ブランマンジェ、パンナコッタ etc.　36

- ごまのブランマンジェ　36・38
- 抹茶のパンナコッタ　36・39
- 生姜のミルクプリンに温かい抹茶を注いで　37・39
- 水出し珈琲のブランマンジェ　40・42
- 栗とお米のババロワ　40・42
- 苺ミルクプリン　41・43
- パッションフルーツのパンナコッタとミントグレープフルーツのグラニテ　41・43
- 杏仁プリンとメロンソース　44・46
- マンゴープリン　44・46
- レモングラスのパンナコッタとダークチェリーコンポート　45・47
- アスパラガスのパンナコッタ　45・47

ハーブ・フルーツゼリー　48

- レモングラスのゼリー　48・50
- ローズのゼリー　48・50
- ジャスミンのゼリー　48・50
- アールグレイのゼリー　48・51
- オレンジのゼリー　49・51
- レモンライムのゼリー　49・51
- ライチのゼリー　49・51
- ブドウのゼリー　49・51

シャンパンゼリー　52

- キール・ロワイヤルゼリー　52・54
- ライム・シャンパンゼリー　52・54
- フランボワーズ・シャンパンゼリー　53・55
- ミント・シャンパンゼリー　53・55

プリン　56

- ヘーゼルナッツのプリン　56・58
- ピスタチオのプリン　56・58
- ミルクチョコレートとコーヒーのプリン　56・58
- パンプキンプリン　57・59
- 栗入りカプチーノプリン　57・59
- プーアール茶のプリン　57・59

サマースフレ　60

- ピスタチオとチョコレートのサマースフレ　60・62
- フランボワーズのサマースフレ　61・62
- パイナップルとバナナのサマースフレ　61・63
- パッションフルーツのサマースフレ　61・63

フルーツのシンプルデザート　64

- パイナップル、マンゴー＋エキゾチックシロップ　64・66
- 白桃＋マンゴービネガー　64・66
- オレンジ、グレープフルーツ＋レモングラスソーダ　64・66
- スイカ、フランボワーズ＋ルージュシロップ　65・67
- 2色のメロン＋ミントシロップ　65・67

フレッシュフルーツコンポート　68

- 桃の白ワインコンポート　68・70
- ネクタリンのレモンコンポート　68・70
- オレンジのグレナデンコンポート　69・71
- いちじくの赤ワインコンポート　69・71
- 洋梨の紅茶コンポート　69・71

多彩なデザートアレンジ　72

レミントン　72

- チョコレートのレミントン　72・74
- フランボワーズのレミントン　73・74
- 抹茶のレミントン　73・75

シューのプチデザート 76

    リンゴソテーのシュー　76・78

    桃のシュー　77・79

    メロンのシュー　77・79

    キャラメルプチシュー　80・82

    プチシューのモンブラン　80・82

    抹茶エクレア　80・82

    抹茶プロフィットロール　81・83

    プロフィットロール　81・83

    チョコプチシュー　81・83

    ブルーベリーとチーズ風味のシュー　84・86

    黒ごまのシュー　84・86

    パイナップルソテーのシュー　85・87

    フランボワーズのシュー　85・87

とろけるショコラデザート 88

    コーヒーのフォンダン・ショコラ　88・90

    抹茶のフォンダン・ショコラ　89・91

    パッション・バナナのフォンダン・ショコラ　89・91

    ピスタチオの蒸し焼きショコラ　92・94

    オレンジの蒸し焼きショコラ　92・94

    フランボワーズの蒸し焼きショコラ　93・95

旬のデザート 96

    パヴェ・フロマージュの苺仕立て　96・98

    苺スープ　96・98

    ストロベリーキャッスル　97・99

    ラブリーストロベリー　97・99

    青リンゴのお花畑ムース　100・102

    リンゴのキャラメリゼのカルバドスムース　100・102

    焼きリンゴ　101・103

    リンゴとリコッタのムース　101・103

クレープ 104

    ミルクチョコレートとコーヒープリンの茶巾クレープ　104・106

    リンゴのロールクレープ　104・106

    栗のミルクレープ　105・107

    バナナとパイナップルのクレープ・シュゼット　105・107

季節のタルト・パイ 108

    栗のパイ　108・110

    杏とバナナのクランブルパイ　108・110

    紅玉リンゴのパイ　108・110

    巨峰のタルト　108・110

    ブルーベリーのクランブルパイ　109・111

    いちじくのパイ　109・111

    洋梨の薄焼きパイ　109・111

    ネクタリンのタルト　109・111

パンやイースト生地のアレンジデザート 112

    ダークチェリーのクロワッサンプディング　112・114

    オレンジクロワッサンプディング　112・114

    ブリオッシュのバナナトースト　113・115

    パイナップルのボストック風タルト　113・115

    バナナソテーのサヴァラン　113・115

オーブンデザート 116

スフレ 116

    栗のスフレ　117・118

    ピスタチオのスフレ　117・118

    チョコレートのスフレ　117・119

    パンプキンのスフレ　117・119

    フランボワーズのスフレ　117・119

    コーヒーのスフレとアングレーズソース　117・119

スナックタイム 120

スコーン・サレ 120

    エダムチーズのスコーン　120・122

    トマトとバジルのスコーン　121・122

    オリーブとローズマリーのスコーン　121・123

ドリンク・バリエーション　124

コールド＆ホットドリンク　124

- トンカ豆のミルクココア　124・126
- パイナップルライムソーダ　124・126
- ホームメイド・ジンジャーエール　124・126
- ヴァン・ショー　124・126
- マンゴージンジャーエール　125・127
- ホットオレンジハニー　125・127
- ベリーオランジュ　125・127
- 桃のソーダ　125・127
- マンゴーヨーグルト　128・130
- トフィーミルク　128・130
- リンゴソーダ　128・130
- 抹茶ミルク　128・130
- レモングラスソーダ　129・131
- マロンシェイク　129・131
- 桃のシャンパン　129・131
- パンプキンミルク　129・131

ひと口のハピネス　132

プティフール　132

- 蒸し焼きショコラ　132・134
- 栗のマカロナードタルト　132・134
- チョコモカタルト　132・135
- フランボワーズのマカロナードタルト　132・135
- 月餅　132・136
- くるみクッキー　132・136
- 黒豆フィナンシェ　133・136
- フランボワーズのマカロン　133・136
- チョコオレンジ　133・137
- サブレ・ブルトン　133・137
- パッションフルーツのマカロン　133・137
- チーズパイ　133・137

デコレーションのパーツ　138

- アングレーズソース　138
- フランボワーズソース　138
- マンゴーパッションソース　138
- キャラメルソース　139
- チョコレートソース　139
- 抹茶ホワイトチョコソース　139
- ココナッツメレンゲ　139
- ベリーコンポート　140
- ダークチェリーコンポート　140
- 苺チップ　140
- リンゴチップ　140
- シガレット生地のデコレーションパーツ　141
- シュー生地のデコレーションパーツ　141
- 抹茶クランブル　142
- チョコレートサブレ　142
- ヘーゼルナッツのパータフィロ　142
- ピスタチオのパータフィロ　142
- ヘーゼルナッツのキャラメリゼ　142
- ヌガー　143
- ピスタチオのクラクラン　143
- ピンククラクラン　143
- 白キクラゲコンポート　143
- クコの実コンポート　143
- オレンジゼストコンフィ　144
- フランボワーズのギモーブ　144
- チョコレートシート　144
- チョコレートシート（丸）　144
- チョコレートのテンパリング　145

基本のパーツ　146

- クレーム・シャンティイ　146
- メレンゲ　146
- クレーム・パティシエール　146
- ディプロマットクリーム　146
- クレーム・ダマンド　146
- ジェノワーズ生地　146
- パート・シュクレ　147
- パート・ブリゼ　147
- パート・フィユテ　147
- 澄ましバター　147
- ラムレーズン　147
- エキストラカフェ　147

おもな素材別INDEX　148

撮影／渡邉文彦　編集／横山せつ子　デザイン／筒井英子

小規模なカフェやレストランでおいしいデザートをつくるためには、アイデアフルなレシピづくりと、バリエーションを広げるアレンジ力がカギ。スピーディに提供するためには、効率のいい仕込みも大切です。

　本書にはこれらを実現するアイデアいっぱいのレシピを、とても簡単なデザートから、ちょっと手の込むものまで163品詰め込みました。何かひとつパーツをつくったら、それをうまく利用してもう一品つくったり、気に入った市販品はどんどん使ったりといった柔軟性が本書のポイントです。

　一例をあげると…コンフィチュール（ジャム）は甘みもフルーツの酸味もともに完成された素材です。近年のブームで市販品の種類も豊富。となれば、これを利用しない手はありません。アイスリームに混ぜ込んだり、ソーダで割ってドリンクにするなど利用価値は大です。

　こういった私の長年のパティシエ人生から得たアイデアが、みなさんのお役に立ちますように。

菓子工房オークウッド
横田秀夫

つくる前に

- 粉類や粉糖はふるっておきます（材料欄でカッコでくくったものは合わせてふるいます）。
- ゼラチンは冷水に浸けてもどしておきます。
- 生クリームはとくに明記していない場合は乳脂肪分38％のものを使います。ムースに混ぜ合わせたりする場合や仕上げ用のクレーム・シャンティイには乳脂肪分45％を使っています。
- フルーツなどの分量は、皮や種などを除いたあとの正味です。
- オーブンは平窯での温度、時間を記しています。コンベクションオーブンの場合は表記の温度より10℃低く設定するのを目安にしてください。
- デザートに使う各パーツは下準備しておき、すぐに盛りつけできるようにセットしておきます（右写真は一例）。

アイスデザート
アイスクリームのシンプルデザート

バニラアイスクリーム
+
クルミキャラメルソース
+
シガレット生地のカップ

バニラアイスクリーム
+
スライスパイナップル
+
マンゴーパッションソース

バニラアイスクリーム
+
リンゴジャム
+
リンゴチップ

アイスクリームの
シンプルデザート

❖ アイスクリームにプラスαで、デザートにアレンジ。組合せのアイデアと盛りつけのバリエーションがポイント。

❖ アイスクリームは市販品を利用してもOK。または家庭用の少容量のアイスクリーマーを利用すれば簡単につくれる。

❖ アイスクリームは1人分で約50gが目安。

◆アイスクリームをクネル形にとる

❶ 大きめのスプーン、お湯を用意する。
❷ アイスクリームを冷凍庫からだし、ある程度柔らかくなるまで練り混ぜる。
❸ スプーンをお湯につけて温め、スプーンの横からアイスクリームにさし入れて、クネル形（フットボール形）にぬきとる。
❹ スプーンからすべらせるようにしてアイスクリームを盛りつける。

◆バニラアイスクリームをつくる場合

材料　約60人分
- 牛乳　1400g
- 生クリーム　600g
- バニラ棒　2本
- 卵黄　450g
- グラニュー糖　380g
- トレハ　200g

＊トレハ（㈱林原商事）はパティスリー業界で近年かなり浸透した天然の甘味料。アイスクリームに配合すると、なめらかな舌ざわりに凍結する。また、凍結した状態でもスプーンの通りがよくて盛りつけしやすい。トレハの甘味度は砂糖の約45％なので、グラニュー糖で代用する場合は半量で置き換えるといい。

❶ 牛乳と生クリーム、さいたバニラ棒を合わせて沸騰させる。
❷ 卵黄とグラニュー糖、トレハを泡立て器ですり混ぜる。
❸ ②に①を加えて混ぜ、鍋にもどす。中火にかけ、アングレーズソース状にとろりとし、83℃になるまで混ぜながら加熱する。
❹ 裏漉しし、氷水にあてて冷やす。
❺ ④をアイスクリーマーにかける。
＊ペーストなどを混ぜる場合は、できあがったところに加える。
＊③の83℃は卵を加熱殺菌し、かつ凝固しすぎない温度。

バニラアイスクリーム
＋クルミキャラメルソース
＋シガレット生地のカップ

シンプルな組合せを魅力的に盛りつけ

材料

シガレット生地のカップ
シガレット生地（→P141）　適量

クルミキャラメルソース　約8人分
クルミ　25g
グラニュー糖　50g
生クリーム　70g
ラムレーズン（→P147）　20g

仕上げ
バニラアイスクリーム　適量

シガレット生地のカップ
❶ シガレット生地を直径13cmの丸型にのばしてぬく（厚さ1～2mmのビニールシートなどに直径13cmの丸形を切りぬいてぬき型を用意しておき、ベーキングシート上において生地少量をパレットナイフで薄くぬり広げてぬき型をはずす）。
❷ 180℃のオーブンでキツネ色になるまで8～12分焼く。
❸ 焼きあがったら、すぐに直径13cmのボウルに敷き込んでカップ形に成形する。

クルミキャラメルソース
❶ クルミは180℃のオーブンで約15分ローストしておく。
❷ グラニュー糖を中火で溶かして煮つめ、泡がふきあがってきたら火をとめ、生クリームを少しずつ加え、①のクルミ、ラムレーズンを加える。

仕上げ
❶ シガレット生地のカップを皿におき、バニラアイスクリームをディッシャーで盛りつける。クルミキャラメルソースを熱々でかける。

バニラアイスクリーム
＋スライスパイナップル
＋マンゴーパッションソース

パインとマンゴー、パッションフルーツでトロピカル

材料
パイナップル　適量
バニラアイスクリーム　適量
マンゴーパッションソース（→P138）　適量

❶ パイナップルは芯をぬいて厚さ2mmくらいに薄く輪切りにし、4等分にする。
❷ 皿に①のパイナップルを3枚敷き、バニラアイスクリームをクネル形にとって盛りつける。マンゴーパッションソースをかける。

バニラアイスクリーム
＋リンゴジャム
＋リンゴチップ

ジャムを細かく叩いてソースとして利用

材料
リンゴジャム　適量
バニラアイスクリーム　適量
リンゴチップ（→P140）　2枚／1人分

❶ リンゴジャムは果肉が粗い状態になるまで包丁で叩く。
❷ 皿に①のリンゴジャムを丸く敷き、バニラアイスクリームをディッシャーで盛りつける。上にリンゴチップを立てて飾る。

アイスクリームのシンプルデザート

バニラアイスクリーム
＋
抹茶クランブル
＋
抹茶ホワイトチョコソース

バニラアイスクリーム
＋
ダークチェリーコンポート

バニラアイスクリーム
＋
ベリーコンポート

チョコレートアイスクリーム
＋
チョコレートサブレ
＋
チョコレートソース

バニラアイスクリーム
＋抹茶クランブル
＋抹茶ホワイトチョコソース

ソースもトッピングのサブレも抹茶づくし

材料
バニラアイスクリーム　適量
抹茶クランブル（→P142）　適量
抹茶ホワイトチョコソース（→P139）　適量

❶ バニラアイスクリームを器にディッシャーで盛りつける。
❷ 抹茶クランブルをのせ、抹茶ホワイトチョコソースをかける。

バニラアイスクリーム
＋ダークチェリーコンポート

ダークチェリーのほどよい酸味

材料　4人分
バニラアイスクリーム　適量
ダークチェリーコンポート（→P140）　6個／1人分

❶ バニラアイスクリームを器にディッシャーで盛りつける。
❷ ダークチェリーコンポートをソースごとのせる。
＊ダークチェリーコンポートは冷たくても、熱々にしてもいい。

バニラアイスクリーム
＋ベリーコンポート

アイスクリームにベリーコンポートを別添え

材料
ベリーコンポート（→P140）　適量
ミント　適量
バニラアイスクリーム　適量

❶ 小さい器にベリーコンポートを盛りつけ、ミントを飾る。
❷ 別の器にバニラアイスクリームを盛りつける。

チョコレートアイスクリーム
＋チョコレートサブレ
＋チョコレートソース

シンプルに濃厚にチョコレートづくし

材料
チョコレートアイスクリーム　適量
チョコレートサブレ（→P142）　適量
チョコレートソース（→P139）　適量
ピスタチオナッツ　2個／1人分

❶ チョコレートアイスクリームを器にディッシャーで盛りつける。
❷ チョコレートサブレを大きめに割ってのせ、チョコレートソースをかける。ピスタチオを縦半分にカットして飾る。

◆チョコレートアイスクリームをつくる場合

材料　約60人分
牛乳　1500g
生クリーム　500g
ココア　100g
グラニュー糖　100g
カカオマス　200g
転化糖（トレモリン）　150g
卵黄　385g
グラニュー糖　240g

❶ 牛乳と生クリームを合わせて沸騰させる。
❷ ココアとグラニュー糖を混ぜ合わせ、①を少しずつ加えて混ぜる。
❸ ②を刻んだカカオマスに少しずつ加えて混ぜ、転化糖も加えて混ぜる。
❹ 卵黄とグラニュー糖をすり混ぜ、③を加えて混ぜ、①の鍋にもどす。
❺ 中火にかけ、アングレーズソース状にとろりとし、83℃になるまで混ぜながら加熱する。
❻ 裏漉しし、氷水にあてて冷やす。
❼ アイスクリーマーにかける。
＊⑤の83℃は卵を加熱殺菌し、かつ凝固しすぎない温度。

チョコレートアイスクリーム＋ラム酒
＋
バナナのキャラメリゼ
＋
アングレーズソース

バニラアイスクリーム＋抹茶ペースト
＋
シガレット生地の貝殻＋小豆

バニラアイスクリーム＋カルバドス
＋
リンゴソテー

バニラアイスクリーム＋パッションリキュール
＋パイナップルソテー
＋アーモンドダイスのシガレット生地

アイスクリーム＋ペースト、アルコール

バニラアイスクリーム＋黒ごまペースト
＋黒ごまのシガレット生地＋アングレーズソース

バニラアイスクリーム
＋ピスタチオペースト
＋ピスタチオのパータフィロ

バニラアイスクリーム
＋ヘーゼルナッツペースト
＋ヘーゼルナッツのパータフィロ

アイスクリーム ＋ペースト、アルコール

✤ アイスクリームにナッツなどのペーストやアルコールを混ぜる簡単アレンジ。

✤ アイスクリーム、ペースト類ともに高品質なものが市販されているので、どんどん利用。

✤ アイスクリームを自家製する場合は、できたての柔らかい状態に混ぜる。市販品を使う場合は、しばらく室温において練って柔らかくしてから混ぜ込む。

✤ バニラアイスクリームを自家製する場合は→P10、チョコレートアイスクリームを自家製する場合は→P15。

チョコレートアイスクリーム＋ラム酒 ＋バナナのキャラメリゼ ＋アングレーズソース

チョコレートと相性がいいバナナをキャラメリゼ

材料
チョコレートラムアイスクリーム
チョコレートアイスクリーム　適量
ダークラム　アイスクリームの3％量
バナナのキャラメリゼ
バナナ　厚さ1cm小口切り5枚／1人分
グラニュー糖　適量
仕上げ
アングレーズソース（→P138）　適量

チョコレートラムアイスクリーム
❶ チョコレートアイスクリームとダークラムを混ぜ合わせる。
バナナのキャラメリゼ
❶ バナナは皮をむいて厚さ1cmに切る。上面にグラニュー糖をふり、ガスバーナーで焦がしてキャラメリゼする。
仕上げ
❶ 皿にバナナのキャラメリゼを5枚並べ、中央のバナナの上にディッシャーでチョコレートラムアイスクリームを盛りつける。バナナからたれるようにアングレーズソースを流す。

バニラアイスクリーム＋カルバドス ＋リンゴソテー

提供前にリンゴをソテーして温かいうちに

材料
カルバドスアイスクリーム
バニラアイスクリーム　適量
カルバドス　アイスクリームの5％量
リンゴソテー　3人分
リンゴ（紅玉）　1個
澄ましバター（→P147）　10g
グラニュー糖　15g

カルバドスアイスクリーム
❶ バニラアイスクリームとカルバドスを混ぜ合わせる。
リンゴソテー
❶ リンゴは皮をむいて12等分のくし形に切り、芯をとる。
❷ フライパンに澄ましバターとグラニュー糖を入れて中火にかけ、泡が立ってきたら①のリンゴを加えて柔らかくなるまでソテーする。
仕上げ
❶ 皿にリンゴソテー4切れをソースごと盛りつけ、カルバドスアイスクリームをクネル形にとって添える。

バニラアイスクリーム＋抹茶ペースト ＋シガレット生地の貝殻＋小豆

シガレット生地を貝殻形のカップに

材料
抹茶アイスクリーム
バニラアイスクリーム　適量
抹茶ペースト（下記のA）　アイスクリームの7％量
A｛抹茶　10g　　グラニュー糖　10g
　お湯　20g
シガレット生地の貝殻
シガレット生地（→P141）　適量
仕上げ
小豆大納言（かのこ豆）　適量
＊かのこ豆は粒を残して炊いてからミツに漬けた製品。

抹茶アイスクリーム
❶ Aの抹茶とグラニュー糖を混ぜてから、お湯を加えて練り混ぜて抹茶ペーストをつくる。
❷ バニラアイスクリームと①を混ぜ合わせる。
シガレット生地の貝殻
❶ シガレット生地を直径6cmの丸型にのばしてぬく（厚さ1〜2mmのビニールシートなどに直径6cmの丸形を切りぬいてぬき型を用意しておき、ベーキングシート上において生地少量をパレットナイフで薄くぬり広げてぬき型をはずす）。
❷ 180℃のオーブンで8〜10分焼く。焼きあがったら、すぐに貝型（または貝殻でもいい）にしっかり敷き込み、貝殻の模様をつけながらカップ形に成形する。
仕上げ
❶ シガレット生地の貝殻に抹茶アイスクリームをディッシャーで盛り、上にもシガレット生地をのせる。小豆大納言を添える。

バニラアイスクリーム＋パッションリキュール＋パイナップルソテー＋アーモンドダイスのシガレット生地

ソテーの温度でアイスクリームが溶けてソースに変身

材料
バニラパッションアイスクリーム
　バニラアイスクリーム　適量
　パッションリキュール　アイスクリームの3％量
アーモンドダイスのシガレット生地
　シガレット生地（→P141）　適量
　アーモンドダイス　適量
パイナップルソテー　5人分
　パイナップル　150g
　グラニュー糖　15g
　澄ましバター（→P147）　10g
　オレンジジュース　50g
　バニラ棒　¼本

バニラパッションアイスクリーム
❶ バニラアイスクリームとパッションリキュールを混ぜ合わせる。

アーモンドダイスのシガレット生地
❶ シガレット生地をぬき型にのばしてぬく（厚さ1～2mmのビニールシートなどにP16の写真のような形を切りぬいてぬき型を用意しておき、ベーキングシート上において生地少量をパレットナイフで薄くぬり広げてぬき型をはずす）。
❷ 縁のほうにアーモンドダイスをふり、180℃のオーブンで8～10分焼く。

パイナップルソテー
❶ パイナップルは芯をぬいて厚さ1cmに輪切りにし、4等分にカットする。
❷ グラニュー糖と澄ましバターを中火にかけてキャラメル状になるまで加熱し、オレンジジュースとさいたバニラ棒を加える。①のパイナップルを加えて柔らかくなるまでソテーする。

仕上げ
❶ 皿にパイナップルのソテーを3切れ盛りつける。上にバニラパッションアイスクリームをディッシャーで盛りつけ、アーモンドダイスのシガレット生地を立てる。

バニラアイスクリーム＋黒ごまペースト＋黒ごまのシガレット生地＋アングレーズソース

アイスクリームもシガレット生地も黒ごま風味

材料
黒ごまアイスクリーム
　バニラアイスクリーム　適量
　黒ゴマペースト　アイスクリームの20％量
黒ごまのシガレット生地
　シガレット生地（→P141）　適量
　黒ゴマ　適量
仕上げ
　アングレーズソース（→P138）　適量

黒ごまアイスクリーム
❶ バニラアイスクリームと黒ゴマペーストを混ぜ合わせる。

黒ごまのシガレット生地
❶ シガレット生地の半量を12cm×1.5cmのぬき型にのばしてぬく（厚さ1～2mmのビニールシートなどに12cm×1.5cm長方形を切りぬいてぬき型を用意しておき、ベーキングシート上において生地少量をパレットナイフで薄くぬり広げてぬき型をはずす）。残り半量は薄く大きくぬり広げる。それぞれ黒ゴマをふる。
❷ 180℃のオーブンで8～10分焼く。
❸ 12cm×1.5cmの生地は熱いうちに筒に巻きつけ、らせん状に成形する。残りは冷めてから適当な大きさに割る。

仕上げ
❶ 皿に割ったシガレット生地をおき、黒ごまアイスクリームをクネル形にとってのせ、上にらせん状のシガレット生地を飾る。アングレーズソースを皿に丸く絞る。

バニラアイスクリーム＋ピスタチオペースト＋ピスタチオのパータフィロ

市販のパータフィロとナッツでカリカリ食感

材料
ピスタチオアイスクリーム
　バニラアイスクリーム　適量
　ピスタチオペースト（ロースト）　アイスクリームの20％量
仕上げ
　ピスタチオのパータフィロ（→P142）　適量

ピスタチオアイスクリーム
❶ バニラアイスクリームとピスタチオペーストを混ぜ合わせる。

仕上げ
❶ 皿にピスタチオのパータフィロをおき、ピスタチオアイスクリームをディッシャーで盛りつけ、上にもピスタチオのパータフィロをのせる。

バニラアイスクリーム＋ヘーゼルナッツペースト＋ヘーゼルナッツのパータフィロ

材料
ヘーゼルナッツアイスクリーム
　バニラアイスクリーム　適量
　ヘーゼルナッツペースト　アイスクリームの20％量
　（ロースト）
仕上げ
　ヘーゼルナッツのパータフィロ（→P142）　適量

ヘーゼルナッツアイスクリーム
❶ バニラアイスクリームとヘーゼルナッツペーストを混ぜ合わせる。

仕上げ
❶ 皿にヘーゼルナッツのパータフィロをおき、ヘーゼルナッツアイスクリームをディッシャーで盛りつけ、上にもヘーゼルナッツのパータフィロをのせる。

シャーベット・グラニテ

オレンジのグラニテ
＋
オレンジゼストコンフィ

ブドウのグラニテ
＋
巨峰

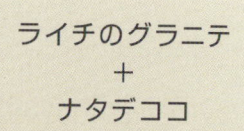

ライチのグラニテ
＋
ナタデココ

ストロベリーアニスシャーベット
＋
苺チップ

洋梨のシャーベット
＋
いちじくの赤ワインコンポート

トマトのグラニテ＋プチトマト
＋
ピンクペッパーのシガレット生地
＋
黒コショウ

グレープフルーツのグラニテ
＋
カンパリフランボワーズ

大石プラムのシャーベット
＋
フランボワーズのギモーブ

コーヒーのグラニテ
＋
カスタードソース

シャーベット・グラニテ

❖ シャーベットはアイスクリーマーで凍結させる。なめらかな食感で少し粘度がつく。

❖ グラニテは冷凍庫で30分ごとに泡立て器でかき立てながら凍結させるので、かき氷のようにシャキシャキした舌ざわりになる。

❖ シャーベットもグラニテもおいしさのカギは、素材となるフルーツの果汁など。味わいをストレートにだしつつ、グラニュー糖と水で味を調整するサジ加減がポイント。

❖ トレハ（→P10）やハローデックス（水飴のひとつ）を配合すると、なめらかに凍結する。とくにハローデックスは粘度がつく。シャーベットでとくになめらかな粘度をつけたい場合や、グラニテの砂糖の量を少なくしつつガリガリに硬く凍結するのを防ぎたい場合に配合するといい。

❖ シャーベット、グラニテは1人分50gが目安。

オレンジのグラニテ＋オレンジゼストコンフィ
オレンジをつぶした果肉の粒々感があるシャーベット

材料　13人分
オレンジのグラニテ
オレンジ　500g　グラニュー糖　70g　水　100g
仕上げ
オレンジゼストコンフィ（→P144）　適量

オレンジのグラニテ
❶ オレンジは果肉を泡立て器でつぶし、グラニュー糖と水を混ぜてグラニュー糖を溶かす。冷凍庫に入れ、30分ごとに泡立て器でかき立てながら凍結させる。
仕上げ
❶ グラニテを盛りつけ、オレンジゼストコンフィを飾る。

ブドウのグラニテ＋巨峰
ブドウジュースの甘みを調節

材料　16人分
ブドウのグラニテ
ブドウジュース　460g　水　300g　グラニュー糖　60g
仕上げ
巨峰　½個／1人分

ブドウのグラニテ
❶ 材料を混ぜてグラニュー糖を溶かす。冷凍庫に入れ、30分ごとに泡立て器でかき立てながら凍結させる。
仕上げ
❶ グラニテを盛りつけ、縦半分にカットした巨峰をのせる。

ライチのグラニテ＋ナタデココ
ナタデココをトッピングしてトロピカルに

材料　16人分
ライチのグラニテ
ライチジュース　460g　水　300g　グラニュー糖　60g
仕上げ
ナタデココ、ミント　各適量

ライチのグラニテ
❶ 左記「ブドウのグラニテ」と同様につくる。
仕上げ
❶ グラニテを盛りつけ、ナタデココ、ミントを飾る。

ストロベリーアニスシャーベット＋苺チップ
アニスの香りでいちごのおいしさを増幅

材料　25人分
ストロベリーアニスシャーベット
グラニュー糖　240g　水　400g
レモンの皮、ライムの皮　各½個分
イチゴ　500g　アニゼット（リキュール）　80g
仕上げ
苺チップ（→P140）　2枚／1人分

ストロベリーアニスシャーベット
❶ グラニュー糖と水、レモンとライムの皮を合わせて沸騰させ、火をとめてフタをして30分蒸らす。漉す。
❷ イチゴをミキサーにかけてピュレ状にし、①に加える。アニゼットも加える。アイスクリーマーにかける。
仕上げ
❶ ストロベリーアニスシャーベットをディッシャーで盛りつけ、苺チップを立てる。

洋梨のシャーベット＋いちじくの赤ワインコンポート
秋らしいとりあわせのシャーベット

材料　24人分
洋梨のシャーベット
洋梨　600g　グラニュー糖　150g　トレハ　50g
ハローデックス　50g　水　300g　レモン汁　15g
パスティス（リキュール）　25g
いちじくの赤ワインコンポート
セミドライイチジク　30g　赤ワイン　250g
水　250g　グラニュー糖　70g
オレンジの皮　⅓個分　シナモン棒　½本
イチジク　7個
グラニュー糖　20g　イナアガー L（→P50）　7g

洋梨のシャーベット
❶ 洋梨はよく冷やしておき、皮をむいて芯をとる。グラニュー糖とトレハ、ハローデックス、水を沸騰させる。冷やす。
❷ ①をミキサーにかける。裏漉しし、レモン汁、パスティスを混ぜる。アイスクリーマーにかける。

いちじくの赤ワインコンポート
❶ セミドライイチジクは細かく刻む。鍋にイチジクとグラニュー糖、イナアガーL以外の材料を入れて沸騰させる。
❷ イチジクは皮をむき、①に入れてもう一度沸騰させて火をとめる。このまま冷ましてから、冷蔵庫でひと晩ねかせる。
❸ ②のシロップ500gを85℃まで温める。
❹ グラニュー糖とイナアガーLは混ぜ合わせておき、③に加えて泡立て器で手早くよく混ぜる。
❺ 漉し、バットに流す。冷蔵庫で冷やし固める。

仕上げ
❶ いちじくの赤ワインコンポートを切って盛りつけ、ゼリーを流す。洋梨のシャーベットをディッシャーで盛りつける。

トマトのグラニテ＋プチトマト ＋ピンクペッパーのシガレット生地 ＋黒コショウ

トマトに2色のコショウをさりげなくきかせて

材料　15人分
トマトのグラニテ
グラニュー糖　50g　　水　110g
ハローデックス　60g　　トマト（完熟）　400g
炭酸水　150g　　レモン汁　10g
塩　1.5g　　黒コショウ　0.5g
＊炭酸水を使うとすっきりとキレのいい味わいになる

ピンクペッパーのシガレット生地
シガレット生地（→P141）　適量
ピンクペッパー　1粒／1人分

仕上げ
プチトマト、黒コショウ　各適量

トマトのグラニテ
❶ グラニュー糖と水、ハローデックスを沸騰させる。冷やす。
❷ トマトは皮をむかずにミキサーにかけ、裏漉しする。
❸ すべての材料を混ぜ合わせる。冷凍庫に入れ、30分ごとに泡立て器でかき立てながら凍結させる。

ピンクペッパーのシガレット生地
❶ シガレット生地を紙のコルネで細くクネクネと絞りだし、ピンクペッパーをのせる。180℃のオーブンで8〜10分焼く。

仕上げ
❶ グラニテを盛り、4等分に切ったプチトマトをのせる。黒コショウを挽き、ピンクペッパーのシガレット生地を添える。

グレープフルーツのグラニテ ＋カンパリフランボワーズ

グレープフルーツの白いグラニテにピンクのソース

材料　13人分
グレープフルーツのグラニテ
ルビーグレープフルーツ　600g
グラニュー糖　70g　　ミントの葉　10枚

仕上げ
カンパリフランボワーズ　適量
（→P55「フランボワーズ・シャンパンゼリー」）

グレープフルーツのグラニテ
❶ ルビーグレープフルーツ、グラニュー糖、細かく刻んだミントを泡立て器でつぶして果肉を細かくする。冷凍庫に入れ、30分ごとに泡立て器でかき立てながら凍結させる。

仕上げ
❶ グラニテを盛り、カンパリフランボワーズを汁ごとかける。

大石プラムのシャーベット ＋フランボワーズのギモーブ

旬のフルーツのピュレをシャーベットに

材料　27人分
大石プラムのシャーベット
グラニュー糖　250g　水　350g　大石プラム　750g

仕上げ
大石プラム　½個／1人分
フランボワーズのギモーブ（→P144）　2個／1人分

大石プラムのシャーベット
❶ グラニュー糖と水を沸騰させる。冷やす。
❷ 大石プラムは氷水に浸けて冷やしておき、皮ごと切る。
❸ ①と②をピンク色になるまでミキサーに3分ほどかける。漉し、アイスクリーマーにかける。

仕上げ
❶ 大石プラムは皮つきのままくし形に切り、半分に切る。
❷ 器に①を並べ、上に大石プラムのシャーベットをクネル形にとって盛りつける。フランボワーズのギモーブを添える。

コーヒーのグラニテ＋カスタードソース

カフェ・ラテ仕立てのコーヒーグラニテ

材料　12人分
コーヒーのグラニテ
エスプレッソコーヒー　250g　　グラニュー糖　100g
水　250g
カスタードソース
クレーム・パティシエール（→P146）　100g
生クリーム　80g

コーヒーのグラニテ
❶ エスプレッソコーヒーを抽出してグラニュー糖を溶かし、水を加える。冷凍庫に入れ、30分ごとに泡立て器でかき立てながら凍結させる。

カスタードソース
❶ クレーム・パティシエールに生クリームを加えてのばす。

仕上げ
❶ コーヒーのグラニテを盛りつけ、上にカスタードソースを大きめのスプーンでとってのせる。

アイスクリームサンド

カリカリアーモンドメレンゲのアイスクリームサンド

ギモーブのアイスクリームサンド

ブリオッシュトーストの
アイスクリームサンド

ブラウニーのアイスクリームサンド

スコーンのアイスクリームサンド

アイスクリームサンド

❖ アイスクリームをカリカリのメレンゲ、ふわふわのギモーブ、ブラウニー、ブリオッシュ、スコーンでサンドイッチ仕立てに。

カリカリアーモンドメレンゲの アイスクリームサンド

軽い食感のアーモンドメレンゲでサンド

材料　15人分
アーモンドメレンゲ
- アーモンドパウダー　60g
- 粉糖　60g
- 牛乳　45g
- 卵白　135g
- グラニュー糖　110g

ナッツのアイスクリーム
- アーモンドホウル　50g
- ピスタチオナッツ　30g
- バニラアイスクリーム　500g

仕上げ
- クレーム・パティシエール（→P146）　適量
- 粉糖　適量

アーモンドメレンゲ
❶ アーモンドパウダーと粉糖、牛乳を混ぜる。
❷ 卵白とグラニュー糖でしっかりとしたメレンゲを泡立てる。
❸ ①と②を混ぜ合わせる。
❹ 口径15mmの丸口金をつけた絞り袋に入れ、ベーキングシート上に直径5cmのドーム状に30個絞る。
❺ 90〜100℃のオーブンで3〜4時間乾燥焼きする。

ナッツのアイスクリーム
❶ アーモンドは180℃のオーブンで約20分しっかりめにローストし、ピスタチオも15分ローストし、冷ましておく。刻む。
❷ バニラアイスクリームと①を混ぜ合わせる。

仕上げ
❶ アーモンドメレンゲの半量（15枚）の上部を少しカットして平らにする。皿にクレーム・パティシエールを少量絞り、アーモンドメレンゲのカットした面を下にしておく。
❷ ①の上にナッツのアイスクリームをディッシャーで盛りつけ、残りのアーモンドメレンゲをのせ、粉糖をふる。

ギモーブのアイスクリームサンド

うずまき形に絞ったギモーブでサンド

材料
フランボワーズのアイスクリーム
- バニラアイスクリーム　適量
- フランボワーズ（冷凍）　アイスクリームの20％量

仕上げ
- フランボワーズジャム　適量
- フランボワーズピュレ　ジャムの半量
- フランボワーズ　4個／1人分
- フランボワーズのギモーブ　2枚／1人分
（→P144・うずまき形）

フランボワーズのアイスクリーム
❶ フランボワーズは凍結したままビニール袋に入れ、麺棒で細かくくだく。
❷ バニラアイスクリームと①を混ぜ合わせる。

仕上げ
❶ フランボワーズジャムとピュレを混ぜ、フランボワーズを和える。
❷ フランボワーズのギモーブ1枚にフランボワーズのアイスクリームをディッシャーでのせ、ギモーブをもう1枚のせる。①のフランボワーズを上にのせる。

ブラウニーのアイスクリームサンド

ブラウニーでチョコレート一色のアイスサンド

材料　24人分
- ブラウニー　4.5cm角×3cm厚さ24枚
- チョコレートアイスクリーム　750g
- ココアパウダー　適量

❶ ブラウニーは厚さを半分にスライスする。
❷ ブラウニー1枚にチョコレートアイスクリームをディッシャーでのせ、ブラウニーをもう1枚のせる。ココアパウダーをふる。

◆ **ブラウニーをつくる場合**

材料　30cm×20cm天板1枚分
- 無塩バター　220g　　グラニュー糖　300g
- バニラエッセンス　3g　　塩　2g
- 全卵（室温）　220g
- ブラックチョコレート（カカオ分55％）　170g
- 薄力粉　100g
- クルミ　200g

❶ ポマード状にしたバターとグラニュー糖を混ぜ、バニラエッセンス、塩を加える。全卵も少しずつ加えながら混ぜる。
❷ チョコレートを刻んで湯煎にかけて溶かし、40℃に調整する。これを①に加えて混ぜる。
❸ 薄力粉を加えて混ぜ、軽くローストして粗く刻んだクルミも加える。
❹ 天板にのばし、170℃のオーブンで約40分焼く。

ブリオッシュトーストの
アイスクリームサンド

ブリオッシュにクレーム・ダマンドを絞ってサンド

材料　10人分
ブリオッシュ
ブリオッシュ　7cm×4cm×1cm厚さ20枚
クレーム・ダマンド（→P146）　200g
アーモンドスライス　適量
ラムレーズンのアイスクリーム
バニラアイスクリーム　500g
ラムレーズン（→P147）　75g

ブリオッシュ
❶ ブリオッシュは厚さ1cmにスライスし、7cm×4cmに切る。
❷ ①の半量(10枚)にクレーム・ダマンドを絞り、アーモンドスライスをちらす。残り半量はそのままで、ともに200℃のオーブンで約15分焼く。
ラムレーズンのアイスクリーム
❶ バニラアイスクリームとラムレーズンを混ぜ合わせる。
❷ ①をセロハンを敷いたバットに厚さ2cmに平らにのばす。
❸ 冷凍庫に入れて固め、6cm×3.5cmにカットする。
仕上げ
❶ そのまま焼いたブリオッシュにラムレーズンのアイスクリームをのせ、クレーム・ダマンドを絞って焼いたブリオッシュをのせる。

◆**ブリオッシュをつくる場合**

材料　7cm×16cm×高さ5.5cmパウンド型3台分
生イースト　6g
水　30g
強力粉　80g
中力粉　80g
薄力粉　80g
全卵　110g
グラニュー糖　16g
塩　4g
無塩バター　120g

❶ 生イーストは水で溶く。ミキサーボウルにバター以外の材料を入れ、フックで低速で3分練り混ぜる。中速に上げてさらに8分練り、バターを加えてさらに5分練る。室温で1次発酵を約1時間30分とる。
❷ 3分割し、それぞれのばしてからロール状に巻き、無塩バター（分量外）をぬったパウンド型に入れる。室温で生地が型の8分目まで膨らむまで2次発酵をとる。
❸ 型の上に天板をかぶせ、200℃のオーブンで約40分焼く。

スコーンのアイスクリームサンド

酸味のあるスコーンとアイスクリームの組合せ

材料
クランベリースコーン　20個分
無塩バター　120g
強力粉　270g
薄力粉　270g
ベーキングパウダー　30g
全卵　150g
グラニュー糖　100g
牛乳　200g
ドライクランベリー　65g
溶き卵　適量
苺のアイスクリーム
バニラアイスクリーム　適量
イチゴジャム　アイスクリームの20％量

クランベリースコーン
❶ 冷蔵庫からだしたての硬いバターを1cm角にカットする。
❷ ミキサーボウルに粉類と①を入れ、ビーターで中速で混ぜる。サラサラな状態になったら、冷蔵庫で30分冷やす。
❸ 全卵とグラニュー糖、牛乳を混ぜ、冷蔵庫で冷やしておく。
❹ ②をもう一度ミキサーにセットし、③、ドライクランベリーを加えて混ぜる。
❺ ボウルからとりだし、厚さ2cmにのばす。冷凍庫で30分やすませる。
❻ 直径5cm丸型でぬき、天板に並べる。溶き卵をぬり、210℃のオーブンで約20分焼く。
苺のアイスクリーム
❶ バニラアイスクリームとイチゴジャムを混ぜ合わせる。
仕上げ
❶ クランベリースコーンを半分にカットする。
❷ ①に苺のアイスクリームをディッシャーでのせ、上にもかぶせる。

ムース・グラッセ

フランボワーズのムース・グラッセ
二色のフルーツ仕立て
―― ベリーニ仕立て

―― 皿盛りデザート

――ベリーニ仕立て

桃のムース・グラッセ
桃のゼリーとともに

――皿盛りデザート

ムース・グラッセ

❖ アイスクリーマーがなくてもつくれる氷菓としておすすめ。基本的にイタリアンメレンゲをベースにつくるので、カチカチに凍結せず、ソフトなアイスクリームになる。

❖ 同じムース・グラッセを使い、皿盛りデザートと、グラスデザートのベリーニ仕立ての2パターンのアレンジで展開。

❖ プリンカップで固める、絞るなどさまざまな形に仕立てられるのは、凍結させる前の状態が柔らかいムース・グラッセならではのメリット。イメージに合わせてアレンジ自在。

❖ メレンゲでつながっているので、室温にしばらくおいてもすぐには液状に溶けず、とろりと柔らかい状態を維持する。

❖ イタリアンメレンゲに配合したトレハは、気泡をしっかりさせるためと、冷凍してもなめらかさを維持するため。甘味度は砂糖の約45％なので、グラニュー糖で代用する場合は半量で置き換えるといい。

❖ イタリアンメレンゲをつくる分、多少手間はかかるが、まとめて仕込み可能。空気に触れないよう、ラップで包んで冷凍庫で保存できる。

フランボワーズのムース・グラッセ 二色のフルーツ仕立て

フランボワーズピュレでピンク色のムース・グラッセに

―― ベリーニ仕立て

材料
フランボワーズのムース・グラッセ　18人分
→右記「皿盛りデザート」と同様
仕上げ
キウイフルーツ、パイナップル　各適量
クレーム・シャンティイ（→P146）　適量
フランボワーズパウダー　適量

フランボワーズのムース・グラッセ
❶ 右記「皿盛りデザート」①～⑥と同様につくる。
❷ グラス（100cc容量）の8分目まで絞り入れ、冷凍庫で冷やし固める。
仕上げ
❶ キウイフルーツ、パイナップルは1.5cm角にカットする。
❷ ムース・グラッセに①をのせ、クレーム・シャンティイを絞ってすり切る。フランボワーズパウダーをふる。

―― 皿盛りデザート

材料　19人分
フランボワーズのムース・グラッセ　76個分
フランボワーズピュレ　200g
フランボワーズリキュール　20g
A ┌ グラニュー糖　100g
  │ トレハ　50g
  │ 水　45g
  └ 卵白　100g
生クリーム　240g
仕上げ
キウイフルーツ　適量
パイナップル　適量
ガムシロップ　適宜

フランボワーズのムース・グラッセ
❶ フランボワーズピュレとリキュールを混ぜる。
❷ Aでイタリアンメレンゲをつくる。グラニュー糖とトレハ、水を118℃まで加熱する。
❸ ②が沸騰しはじめたら、卵白をホイッパーで中速で泡立てはじめる。ボリュームがでてきたら高速にし、②のシロップをボウルの内側をつたわせて少しずつ加え、さらにしっかりと泡立てる。8分立てになったら、冷めるまで泡立てる。
❹ 生クリームを9分立てに泡立てる。
❺ ④に①を加えながら泡立て器で混ぜる。
❻ ③のイタリアンメレンゲも一度に加えてゴムベラで混ぜる。
❼ 上径4cm×底径2.5cm×高さ1.5cmポンポネット型のフレキシパンに絞り入れ、パレットナイフで平らにならす。冷凍庫で冷やし固める。

仕上げ
❶ キウイフルーツ、パイナップルはともに厚さ1cmにスライスし、直径4cm丸型でぬく。ほかに飾り用も厚さ5mmの扇形にカットする。
❷ ①で余ったキウイとパイナップルの果肉をそれぞれ包丁で細かく叩いてソースにする。酸味が強い場合はガムシロップを加えて調整を。ムース・グラッセが溶けないよう、①、②ともによく冷やしておく。
❸ フランボワーズのムース・グラッセをフレキシパンからぬき、①のキウイ、パイナップルをそれぞれサンドする。
❹ ③を皿に盛りつけ、飾りのキウイ、パイナップルをそれぞれのせる。それぞれのまわりにキウイとパイナップルのソースを流す。

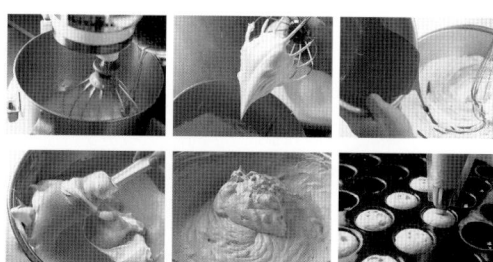

桃のムース・グラッセ 桃のゼリーとともに

桃とサワークリームで甘ずっぱくさわやかに

―― ベリーニ仕立て

材料　17人分

桃のムース・グラッセ
- 白桃（缶詰）　250g
- ピーチリキュール　25g
- サワークリーム　50g
- A ┌ グラニュー糖　70g
　　├ トレハ　35g
　　├ 水　35g
　　└ 卵白　70g
- 生クリーム　175g

桃のゼリー　10人分
- ┌ グラニュー糖　50g
  └ イナアガーL（→P50）　8g
- 水　400g
- グレナデンシロップ　20g
- ピーチリキュール　40g

仕上げ
- 白桃　適量
- フランボワーズ　1½個／1人分

桃のムース・グラッセ

❶ 白桃とピーチリキュールをミキサーにかけてピュレ状にし、サワークリームを加える。
❷ Aでイタリアンメレンゲをつくる（→P30「フランボワーズのムース・グラッセ」（皿盛りデザート）フランボワーズのムース・グラッセ②〜③と同様）。
❸ 生クリームを8分立てに泡立てる。
❹ ③に①を加えて泡立て器で混ぜる。
❺ ②のイタリアンメレンゲも一度に加えてゴムベラで混ぜる。
❻ グラス（100cc容量）の8分目まで絞り入れ、冷凍庫で冷やし固める。

桃のゼリー

❶ グラニュー糖とイナアガーLを混ぜ合わせておき、水を沸騰させたところに加えて火をとめ、泡立て器で手早くよく混ぜる。グレナデンシロップ、ピーチリキュールを加える。
❷ バットに流し、冷蔵庫で冷やし固める。

仕上げ

❶ 桃のムース・グラッセに1.5cm角にカットした白桃をのせ、上に桃のゼリーをスプーンでくずして流す。縦4等分にカットしたフランボワーズをのせる。

―― 皿盛りデザート

材料　14人分

桃のムース・グラッセ
→左記「ベリーニ仕立て」と同様

桃のゼリー　10人分
→左記「ベリーニ仕立て」と同様につくる

仕上げ
- 白桃（缶詰）　適量
- フランボワーズ　2½個／1人分
- ミント　適量

桃のムース・グラッセ

❶ 左記「ベリーニ仕立て」①〜⑤と同様につくる。
❷ 口径5.5cm×高さ4cmプリンカップに入れる。冷凍庫で冷やし固める。

仕上げ

❶ ムース・グラッセをプリンカップからぬいて盛りつけ、まわりに1.5cm角にカットした白桃をおき、桃のゼリーをスプーンでくずして流す。縦半分にカットしたフランボワーズとミントを飾る。

ムース・グラッセ

――ベリーニ仕立て

ライムのムース・グラッセ
マンゴーパッションの
サプライズ

――皿盛りデザート

チョコレートのムース・グラッセ
モンブラン仕立て

――皿盛りデザート

――ベリーニ仕立て

ライムのムース・グラッセ
マンゴーパッションのサプライズ

イタリアンメレンゲと生クリーム、ライムでシンプルに

—— ベリーニ仕立て

材料　14人分
ライムのムース・グラッセ
A ┌ グラニュー糖　115g
　├ トレハ　40g
　├ 水　45g
　└ 卵白　80g
生クリーム　210g
ライムの皮のすりおろし　4個分
ライムの果汁　100g
仕上げ
┌ マンゴー　適量
└ マンゴーパッションソース（→P138）　適量
クレーム・シャンティイ（→P146）　適量
ココナッツメレンゲ　2本／1人分
（→P139・口径5mmの丸口金で25cm長さに絞る）

ライムのムース・グラッセ
❶Aでイタリアンメレンゲをつくる（→P30「フランボワーズのムース・グラッセ」（皿盛りデザート）フランボワーズのムース・グラッセ②〜③と同様）。
❷生クリームを7分立てに泡立て、ライムの皮のすりおろしと果汁を加える。
❸①のイタリアンメレンゲも加えてゴムベラで混ぜる。
❹グラス（100cc容量）の8分目まで絞り入れ、冷凍庫で冷やし固める。
仕上げ
❶マンゴーを1.5cm角にカットし、マンゴーパッションソースで和える。
❷ライムのムース・グラッセに①をのせる。クレーム・シャンティイを少量絞り、ココナッツメレンゲを適当な長さに折って飾る。

—— 皿盛りデザート

材料　14人分
ライムのムース・グラッセ
→左記「ベリーニ仕立て」と同様
仕上げ
マンゴーパッションソース（→P138）　適量
クレーム・シャンティイ（→P146）　適量
マンゴー　適量
ココナッツメレンゲ　2本／1人分
（→P139・口径5mmの丸口金で25cm長さに絞る）

ライムのムース・グラッセ
❶左記「ベリーニ仕立て」①〜③と同様につくる。
❷直径7cm×高さ3.5cmクグロフ型フレキシパンに絞り入れ、冷凍庫で冷やし固める。
仕上げ
❶ライムのムース・グラッセをフレキシパンからぬき、皿に盛りつける。中央の穴にマンゴーパッションソースを入れ、上にクレーム・シャンティイを少量絞り、1.5cm角にカットしたマンゴーをのせる。ココナッツメレンゲを長めに折って飾る。

チョコレートのムース・グラッセ モンブラン仕立て

パータ・ボンブとメレンゲで濃密な味わいに

—— 皿盛りデザート

材料 14人分
チョコレートのムース・グラッセ
├ 卵黄　70g
├ グラニュー糖　25g
└ 水　25g
├ 卵白　85g
├ トレハ　20g
└ グラニュー糖　35g
生クリーム　250g
ブラックチョコレート（カカオ分70%）　85g
ダークラム　20g
マロンクリーム
マロンペースト　102g
マロンピュレ　198g
ダークラム　12g
クレーム・パティシエール（→P146）　60g
クレーム・シャンティイ（→P146）　30g
仕上げ
チョコレートソース（→P139）　適量
チョコレートシート　9cm×3.5cm 2枚／1人分
（→P144）
クレーム・シャンティイ　適量
栗のシロップ煮　1個／1人分

チョコレートのムース・グラッセ
❶ 卵黄とグラニュー糖をすり混ぜ、水も加える。ボウルを湯煎にあて、とろみがつくまで混ぜながら温度を上げてから、しっかりと泡立てる。
❷ 卵白とトレハを泡立て、8分立てになったらグラニュー糖を加えて角が立つまでしっかり泡立てる（トレハは溶けにくいので先に加えて泡立てる）。
❸ 生クリームを8分立てに泡立てる。
❹ チョコレートを刻んで湯煎で溶かし、50℃に調整する。
❺ ❹に❸を少量加えて混ぜ、ここに❶を加えて混ぜ、ダークラムも加える。残りの❸を加えて混ぜ、最後に❷のメレンゲを加えて混ぜる。
❻ 口径15mmの丸口金をつけた絞り袋に入れ、防湿セロハンに長さ8cmに絞る。冷凍庫で冷やし固める。

マロンクリーム
❶ マロンペーストを混ぜてなめらかにしてから、マロンピュレを少しずつちぎって加えてなめらかになるまで混ぜ、ダークラムを加える。
❷ 裏漉しし、クレーム・パティシエールとクレーム・シャンティイを順に加えて混ぜる。

仕上げ
❶ チョコレートソースを皿に絞る。
❷ チョコレートシート1枚にチョコレートのムース・グラッセをのせ、口径8mmの丸口金でクレーム・シャンティイを絞り、チョコレートシートをもう1枚のせ、ムース・グラッセをのせる。クレーム・シャンティイを絞り、マロンクリームをモンブラン口金で絞る。半分にカットした栗のシロップ煮を飾る。

—— ベリーニ仕立て

材料 15人分
チョコレートのムース・グラッセ
→左記「皿盛りデザート」と同様
マロンクリーム　20人分
→左記「皿盛りデザート」と同様
仕上げ
クレーム・シャンティイ（→P146）　適量
栗のシロップ煮　2¼個／1人分

チョコレートのムース・グラッセ
❶ 左記「皿盛りデザート」①～⑤と同様につくる。
❷ グラス（100cc容量）の8分目まで絞り入れ、冷凍庫で冷やし固める。

仕上げ
❶ チョコレートのムース・グラッセの中央にクレーム・シャンティイを少量絞り、栗のシロップ煮2個分を1.5cm角にカットして並べる。マロンクリームをモンブラン口金で絞り、4等分にカットした栗のシロップ煮を飾る。

ひんやりデザート
ブランマンジェ、パンナコッタetc.

ごまのブランマンジェ

抹茶のパンナコッタ

生姜のミルクプリンに温かい抹茶を注いで

ブランマンジェ、パンナコッタetc.

❖ ブランマンジェ、パンナコッタ、ババロワ、プリン……ゼラチンなどで冷やし固めるデザートいろいろ。

❖ ゼラチンは「板ゼラチン」と「新田ゼラチン21」を使い分けている。凝固剤はほかにもさまざまな製品が販売されているので、求めるイメージに合わせて使い分けるとデザートづくりの幅が広がる。

❖ 板ゼラチンは固めものデザート全般に使用。

❖ 新田ゼラチン21（新田ゼラチン㈱）はゼラチン特有のにおいが少ないため、淡い風味に仕立てたいときや、フルーツを生かしたデザートをつくりたい場合に使うことが多い。顆粒状で吸水が早くダマになりやすいので、あらかじめグラニュー糖と泡立て器でよく混ぜ合わせてから液体に加え、手早くよく混ぜて溶かす。ふやかす工程が不要なので作業効率もいい。板ゼラチンで代用する場合は、1.2～1.3倍増しの分量にする。

❖ ゼリーに使ったイナアガーLは→P50。

❖ 形を保てるギリギリの硬さに固める配合なので、型からぬいて盛りつけるものは冷蔵庫でひと晩かけてしっかり固めるようにする。

ごまのブランマンジェ
黒ごまと小豆で和テイストに

材料　20人分
ごまのブランマンジェ
牛乳　500g
生クリーム　180g
グラニュー糖　75g
板ゼラチン　8g
黒ゴマペースト　80g
小豆コンポート
小豆大納言（かのこ豆）　100g
水　50g
カルーア　20g

ごまのブランマンジェ
❶ 牛乳と生クリームを合わせて沸騰させて火をとめ、グラニュー糖、もどした板ゼラチンを加える。
❷ 黒ゴマペーストに①を少しずつ加えながら混ぜ、裏漉しする。
❸ 氷水にあててとろみがでるまで冷やす。グラス（70cc容量）に流し入れ、冷蔵庫で約3時間冷やし固める。

小豆コンポート
❶ 小豆大納言と水を火にかけて煮立て、カルーアを加えて火をとめる。冷やしておく。

仕上げ
❶ ごまのブランマンジェに小豆コンポートを煮汁ごと盛りつける。

抹茶のパンナコッタ

抹茶と鉄観音のダブルのティーの組合せ

材料　15人分
抹茶のパンナコッタ
生クリーム　300g
牛乳　240g
グラニュー糖　75g
抹茶　8g
板ゼラチン　5.5g
鉄観音ゼリー
水　250g
鉄観音茶　4g
└ グラニュー糖　37g
└ イナアガー L　4g
仕上げ
うぐいす豆（かのこ豆）　5個／1人分

抹茶のパンナコッタ
❶生クリームと牛乳を合わせて沸騰させる。
❷グラニュー糖と抹茶をよく混ぜ合わせたところに、①を少しずつ加えて混ぜる。もどした板ゼラチンも加えて溶かし、裏漉しする。
❸氷水にあててとろみがでるまで冷やす。グラス（70cc容量）に流し入れ、冷蔵庫で約3時間冷やし固める。
鉄観音ゼリー
❶水を沸騰させ、鉄観音茶を入れて火をとめ、フタをして3分蒸らす。漉す。
❷グラニュー糖とイナアガー L を混ぜ合わせてから、①に加えて泡立て器で手早くよく混ぜて溶かす。
❸バットに流し、冷蔵庫で冷やし固める。
仕上げ
❶抹茶のパンナコッタに鉄観音ゼリーの半量をスプーンでくずして流し、うぐいす豆をのせ、残りの鉄観音ゼリーを流す。

生姜のミルクプリンに温かい抹茶を注いで

エスプレッソマシンのミルクスチーマーを利用

材料　10人分
生姜のミルクプリン
ショウガ　24g
牛乳　140g
生クリーム　400g
バニラ棒　⅕本
グラニュー糖　60g
板ゼラチン　6g
抹茶ミルク　抹茶ペースト約6人分
┌ 抹茶　10g
│ グラニュー糖　10g
└ お湯　20g
牛乳　50cc／1人分
仕上げ
抹茶クランブル（→P142）　適量
黒豆大納言（かのこ豆）　6個／1人分

生姜のミルクプリン
❶ショウガは皮をむいて厚さ2mmにスライスする。
❷牛乳と生クリーム、さいたバニラ棒を合わせて沸騰させ、①を加えて火をとめ、フタをして1時間そのままおく。
❸漉してもう一度温め、グラニュー糖、もどした板ゼラチンを加えて溶かす。
❹氷水にあててとろみがでるまで冷やす。直径5.5cm×高さ4cmプリンカップに流し入れ、冷蔵庫でひと晩冷やし固める。
抹茶ミルク
❶抹茶とグラニュー糖をよく混ぜ合わせ、お湯を加えて練り混ぜて抹茶ペーストをつくっておく。
仕上げ
❶生姜のミルクプリンを盛りつけ、まわりに抹茶クランブルと黒豆大納言をちらす。
❷牛乳50ccと抹茶ペースト6g／1人分を混ぜ、エスプレッソマシンのミルクスチーマーで加熱する。
❸②の熱々の抹茶ミルクをミルクピッチャーに入れて添えて提供する。

ブランマンジェ、パンナコッタetc.

水出し珈琲のブランマンジェ

栗とお米のババロワ

苺ミルクプリン

パッションフルーツのパンナコッタと
ミントグレープフルーツのグラニテ

水出し珈琲のブランマンジェ
深煎りコーヒーをひと晩かけてじっくり抽出

材料　17人分
コーヒーのブランマンジェ
- 牛乳　1000g
- コーヒー豆（深煎り）　250g
- グラニュー糖　150g
- 新田ゼラチン21　12g

生クリーム　375g

コーヒーゼリー
水　500g
コーヒー豆（挽いたもの）　25g
- グラニュー糖　80g
- イナアガーL　6.5g

ココナッツソース　10人分
ココナッツミルク　100g
牛乳　100g

仕上げ
イチジク（またはセミドライイチジク）　適量

コーヒーのブランマンジェ
❶牛乳にコーヒー豆を浸し、冷蔵庫でひと晩かけて抽出する。
❷①を漉してコーヒー豆をとりのぞき、80℃まで加熱する。
❸グラニュー糖と新田ゼラチン21を混ぜ合わせておき、②に加えて泡立て器で手早くよく混ぜて溶かし、生クリームも加える。
❹氷水にあててとろみがでるまで冷やす。直径5.5cm×高さ4cmプリンカップに流し入れ、冷蔵庫でひと晩冷やし固める。

コーヒーゼリー
❶水を沸かし、挽いたコーヒー豆でコーヒーをいれる。
❷グラニュー糖とイナアガーLを混ぜ合わせておき、①に加えて泡立て器で手早くよく混ぜて溶かす。
❸バットに流し、冷蔵庫で冷やし固める。

ココナッツソース
❶ココナッツミルクと牛乳を合わせて一度沸騰させる。冷やしておく。

仕上げ
❶コーヒーのブランマンジェを盛りつけ、まわりにコーヒーゼリーをスプーンでくずして流す。皮をむいてカットしたイチジクを添え、ココナッツソースを流す。

栗とお米のババロワ
"栗ごはん"のスイーツバージョン!?

材料　10人分
お米のババロワ
米　72g
牛乳　300g
シナモン棒　½本
バニラ棒　½本
- 牛乳　120g
- グラニュー糖　60g
- 板ゼラチン　6g

生クリーム　360g
ダークラム　12g
栗のシロップ煮　160g

仕上げ
栗のシロップ煮　20個

お米のババロワ
❶米はとぎ、30分浸水して、水を切る。
❷牛乳とシナモン棒、さいたバニラ棒を合わせて沸騰させ、①の米を加えてもう一度沸騰させ、フタをして弱火にする。5分ごとによく混ぜながら、芯がなくなるまで20～30分ほど炊く。
❸牛乳を沸騰させ、グラニュー糖、もどした板ゼラチンを加えて溶かす。
❹③を②に加えて混ぜる。
❺生クリーム、ダークラムも順に加えて混ぜ、粗く刻んだ栗のシロップ煮も加える。
❻氷水にあててとろみがでるまで冷やす。バットなどに流し、冷蔵庫で約2時間冷やし固める。

仕上げ
❶お米のババロワを盛りつけ、4等分にカットした栗のシロップ煮をちらす。

苺ミルクプリン

苺ミルク味をひんやりプリンに

材料　14人分
苺ミルクプリン
牛乳　380g
生クリーム　300g
練乳　100g
グラニュー糖　70g
板ゼラチン　10g
イチゴピュレ　300g
グレナデンゼリー
水　200g
グレナデンシロップ　20g
レモンの皮　1/8個分
レモン汁　1/8個分
　　グラニュー糖　16g
　　イナアガー L　4g
仕上げ
イチゴ　2個／1人分
フランボワーズ　1/2個／1人分
ミント　適量

苺ミルクプリン
❶牛乳と生クリーム、練乳、グラニュー糖を合わせて沸騰させて火をとめ、もどした板ゼラチンを加えて溶かす。
❷漉し、氷水にあてて人肌まで冷まし、イチゴピュレを加えて混ぜる。
❸氷水にあててとろみがでるまで冷やす。グラス（110cc容量）に流し入れ、冷蔵庫で約3時間冷やし固める。
グレナデンゼリー
❶水とグレナデンシロップ、レモンの皮と汁を合わせて沸騰させる。
❷グラニュー糖とイナアガーLを混ぜ合わせてから、①に加えて泡立て器で手早くよく混ぜて溶かす。
❸バットに流し、冷蔵庫で冷やし固める。
仕上げ
❶苺ミルクプリンに小さめにカットしたイチゴ、半分にカットしたフランボワーズをのせ、グレナデンゼリーをスプーンでくずして流す。ミントを飾る。

パッションフルーツのパンナコッタとミントグレープフルーツのグラニテ

グラニテをソースがわりにたっぷりと添えて

材料　20人分
パッションフルーツのパンナコッタ
牛乳　625g
生クリーム　800g
　　グラニュー糖　313g
　　新田ゼラチン21　10g
パッションフルーツピュレ　275g
ミントグレープフルーツのグラニテ
グレープフルーツ　500g
グラニュー糖　60g
ミントの葉　10枚
仕上げ
グレープフルーツ　適量
ミント　適量

パッションフルーツのパンナコッタ
❶牛乳と生クリームを合わせて沸騰させて火をとめ、グラニュー糖と新田ゼラチン21を混ぜ合わせて加え、泡立て器で手早くよく混ぜて溶かす。
❷氷水にあてて20℃まで冷やし、パッションフルーツピュレを加える。
❸直径5.5cm×高さ4cmプリンカップに流し入れ、冷蔵庫でひと晩冷やし固める。
ミントグレープフルーツのグラニテ
❶グレープフルーツ、グラニュー糖、刻んだミントを泡立て器でつぶしながら混ぜる。
❷冷凍庫に入れ、30分ごとに泡立て器でかき立てながら凍結させる。
仕上げ
❶グレープフルーツは果肉を半分にカットする。
❷パッションフルーツのパンナコッタを盛りつけ、まわりにミントグレープフルーツのグラニテを盛りつけ、①のグレープフルーツ、ミントの葉を添える。

ブランマンジェ、パンナコッタ etc.

杏仁プリンとメロンソース

マンゴープリン

レモングラスのパンナコッタと
ダークチェリーコンポート

アスパラガスのパンナコッタ

杏仁プリンとメロンソース

杏仁をつぶしてつくった香り抜群のプリン

材料　10人分
杏仁プリン
杏仁（北杏）　110g
水　600g
牛乳　160g
グラニュー糖　100g
板ゼラチン　11g
生クリーム　240g

＊北杏（ホッキョウ）は南杏（ナンキョウ）に比べて香りが強くて苦みもあり、すっきりした味わいになる。漢方によく用いられる。

メロンソース
メロン　250g
ガムシロップ　適量
仕上げ
白キクラゲコンポート（→P143）　適量

杏仁プリン
❶ 杏仁は前日から水（分量外）に浸けておく。
❷ ①の水を切り、分量の半量の水とともにミキサーに45秒かける。
❸ 裏漉しし、漉しとった杏仁と分量の残りの水をもう一度ミキサーに45秒かける。
❹ ③の2回分の水を合わせてガーゼで裏漉しし、さらにキッチンペーパーで裏漉しする。
❺ ④に牛乳を加えて85℃まで温め、火をとめてグラニュー糖、もどした板ゼラチンを加えて溶かす。
❻ 生クリームを加え、氷水にあててとろみがでるまで冷やす。グラス（110cc容量）に流し入れ、冷蔵庫で約3時間冷やし固める。

メロンソース
❶ メロンは細かく刻み、ガムシロップを混ぜて味をととのえる。

仕上げ
❶ 杏仁プリンにメロンソースをかけ、白キクラゲコンポートをのせる。

マンゴープリン

マンゴープリンをココナッツソースとタピオカで

材料　10人分
マンゴープリン
牛乳　200g
ココナッツミルク　50g
グラニュー糖　45g
板ゼラチン　5.5g
生クリーム　125g
マンゴーピュレ　250g
サワークリーム　50g

ココナッツソース
ココナッツミルク　200g
牛乳　200g

仕上げ
ミニタピオカ　25g
マンゴー　適量
クコの実コンポート（→P143）　適量

マンゴープリン
❶ 牛乳とココナッツミルクを合わせて沸騰させて火をとめ、グラニュー糖、もどした板ゼラチンを加えて溶かす。
❷ 生クリームを加え、氷水にあてて冷やす。
❸ マンゴーピュレとサワークリームを混ぜ合わせ、②に加える。
❹ グラス（100cc容量）に流し入れ、冷蔵庫で約3時間冷やし固める。

ココナッツソース
❶ ココナッツミルクと牛乳を合わせて一度沸騰させる。冷やしておく。

仕上げ
❶ ミニタピオカをゆでる。たっぷりのお湯を沸かして対流するくらいの火加減にする。ミニタピオカを入れ、白い芯が針の先ほどに小さくなるまでゆでる。ザルにあげて冷水に浸し、そのまま1時間おいてから、水を切る（ゆでたあと浸水しないと、ソースの水分を吸いとってしまう）。
❷ マンゴープリンにココナッツソースを流し、①のミニタピオカ、1cm角にカットしたマンゴー、クコの実コンポートをのせる。

レモングラスのパンナコッタと
ダークチェリーコンポート

さわやかなハーブの香りをパンナコッタに

材料　17人分
レモングラスのパンナコッタ
牛乳　480g
生クリーム　600g
レモングラス　35g
グラニュー糖　120g
板ゼラチン　12g
仕上げ
ダークチェリーコンポート（→P140）　4個／1人分

レモングラスのパンナコッタ
❶ 牛乳と生クリームを合わせて沸騰させ、レモングラスを加えて火をとめ、フタをして30分蒸らす。
❷ 漉し、再度温めてグラニュー糖、もどした板ゼラチンを加えて溶かす。
❸ 氷水にあててとろみがでるまで冷やす。グラス（100cc容量）に流し入れ、冷蔵庫で約3時間冷やし固める。
仕上げ
❶ レモングラスのパンナコッタに、ダークチェリーコンポートをソースごとのせる。

アスパラガスのパンナコッタ
グリーンの香りのベジ・パンナコッタ

材料　20人分
アスパラガスのパンナコッタ
牛乳　750g
生クリーム　750g
ミニアスパラガス　450g
グラニュー糖　180g
┌ 粉ワサビ　1.5g
└ 水　3g
板ゼラチン　22g
マスカットワインゼリー
水　360g
┌ グラニュー糖　100g
└ イナアガーL　12g
マスカットワイン　240g
レモン汁　20g
仕上げ
オレンジ　適量
プチトマト　適量
ディル　適量

アスパラガスのパンナコッタ
❶ 牛乳と生クリームを合わせて沸騰させ、ミニアスパラガスを加えてフタをして柔らかくなるまで煮る。
❷ ミキサーに①、グラニュー糖、水で溶いた粉ワサビを入れて回し、裏漉しする。
❸ もどした板ゼラチンを加えて溶かす。
❹ 氷水にあててとろみがでるまで冷やす。直径5.5cm×高さ4cmプリンカップに流し入れ、冷蔵庫でひと晩冷やし固める。
＊ふつうのアスパラガスでもつくれるが、その場合は根元の硬い部分をとり除き、皮を引く。
マスカットワインゼリー
❶ 水を沸騰させ、グラニュー糖とイナアガーLを混ぜ合わせてから加えて泡立て器で手早くよく混ぜて溶かす。
❷ マスカットワインを加え、80℃まで加熱し、火をとめてレモン汁を加える。
❸ バットに流し、冷蔵庫で冷やし固める。
仕上げ
❶ オレンジの果肉は半分にカットし、プチトマトは4等分にカットする。
❷ アスパラガスのパンナコッタを盛りつけ、①のオレンジ、プチトマトをまわりにおく。マスカットワインゼリーをスプーンでくずして流し、ディルを飾る。

レモングラスのゼリー

ジャスミンのゼリー

ハーブ・フルーツゼリー

ローズのゼリー

アールグレイのゼリー

オレンジのゼリー

ライチのゼリー

レモンライムのゼリー

ブドウのゼリー

ハーブ・フルーツゼリー

❖ ゼリーはゆるゆるに柔らかく固める。

❖ ジューシーなゼリーにするため、ゼラチンではなく、離水する性質があるイナアガーLで固めている。水分がにじみでてくる性質を生かすため、バットに流して冷やし固め、スプーンでくずしてグラスに盛りつける。

❖ イナアガーL（伊那食品工業㈱）はカラギーナン系のゲル化剤。常温でも固まり、冷やしても硬くなりすぎず、表面から離水する性質があるのでみずみずしい食感となる。また、ゼラチンでは凝固しないフルーツ果汁（タンパク質分解酵素を含むパイナップルやキウイフルーツ、パパイヤ、メロンなど）も固めることができる。顆粒状で吸水が早くダマになりやすいので、グラニュー糖と泡立て器でよく混ぜ合わせてから液体に加え、手早くよく混ぜて溶かす。液体はかならず80～85℃まで加熱する必要があるが、凝固力が低下するので85℃以上にはしないように。ふやかす工程が不要なので作業効率もいい。板ゼラチンで代用する場合はほぼ同量で。

レモングラスのゼリー

とてもフレッシュですっぱい香り

材料　20人分
レモングラスのゼリー
水　1000g
レモングラス　30g
オレンジの皮　½個分
　グラニュー糖　160g
　イナアガーL　22g
アンズのコンポート
グラニュー糖　80g
水　80g
ドライアプリコット　160g
仕上げ
レモングラス　適宜

レモングラスのゼリー
❶水とレモングラス、オレンジの皮を合わせて沸騰させ、火をとめてフタをして30分蒸らす。
❷漉し、もう一度80～85℃まで加熱する。
❸グラニュー糖とイナアガーLを混ぜ合わせて加え、泡立て器で手早くよく混ぜて溶かす。
❹バットに流し、冷蔵庫で冷やし固める。

アンズのコンポート
❶グラニュー糖と水を沸騰させ、ドライアプリコットを入れてもう一度沸騰させて火をとめる。このままひと晩漬ける。
仕上げ
❶ゼリーをスプーンでくずしてグラスに盛りつけ、4等分にカットしたアンズのコンポートをちらす。レモングラスを添える。

ローズのゼリー

香り高く華やかな香りのローズ

材料　14人分
ローズのゼリー
水　500g
ドライローズ　5g
　グラニュー糖　55g
　イナアガーL　8g
仕上げ
フランボワーズ　1½個／1人分
ドライローズ　適宜

ローズのゼリー
❶水を沸騰させ、ドライローズを入れて火をとめ、フタをして3分半蒸らす。漉す。
❷グラニュー糖とイナアガーLを混ぜ合わせて加え、泡立て器で手早くよく混ぜて溶かす。
❸バットに流し、冷蔵庫で冷やし固める。
仕上げ
❶ゼリーをスプーンでくずしてグラスに盛りつけ、半分にカットしたフランボワーズをちらす。ドライローズを添える。

ジャスミンのゼリー

さわやかなジャスミンの香りをゼリーに

材料　14人分
ジャスミンティーのゼリー
水　500g
ジャスミンティー茶葉　6g
　グラニュー糖　75g
　イナアガーL　8g
仕上げ
　スイートバジルシード　1.5g
　水　25g
パイナップル　適量

ジャスミンティーのゼリー
❶水を沸騰させ、ジャスミンティー茶葉を入れて火をとめ、フタをして3分半蒸らす。漉す。
❷グラニュー糖とイナアガーLを混ぜ合わせて加え、泡立て器で手早くよく混ぜて溶かす。
❸バットに流し、冷蔵庫で冷やし固める。
仕上げ
❶スイートバジルシードは水に10分ほど浸してもどす。パイナップルは小さめにカットする。
❷ゼリーをスプーンでくずしてグラスに盛りつけ、①のパイナップル、スイートバジルシードをのせる。

アールグレイのゼリー
やさしい香りを白桃とともに

材料　14人分
アールグレイのゼリー
水　500g　　アールグレイティー茶葉　8g
⎡ グラニュー糖　75g
⎣ イナアガー L　8g
仕上げ
白桃（缶詰）　適量

アールグレイのゼリー
❶ 水を沸騰させ、アールグレイティー茶葉を入れて火をとめ、フタをして3分蒸らす。漉す。
❷ グラニュー糖とイナアガー Lを混ぜ合わせて加え、泡立て器で手早くよく混ぜて溶かす。
❸ バットに流し、冷蔵庫で冷やし固める。
仕上げ
❶ ゼリーをスプーンでくずしてグラスに盛りつけ、ひと口大にカットした白桃をのせる。

オレンジのゼリー
定番フルーツでシンプルにおいしく

材料　13人分
オレンジのゼリー
オレンジジュース　800g　　水　200g
⎡ グラニュー糖　20g
⎣ イナアガー L　20g
グランマルニエ　20g
仕上げ
オレンジ　適量

オレンジのゼリー
❶ オレンジジュースと水を合わせて85℃まで加熱する。
❷ グラニュー糖とイナアガー Lを混ぜ合わせて加え、泡立て器で手早くよく混ぜて溶かす。漉し、グランマルニエを加える。バットに流し、冷蔵庫で冷やし固める。
仕上げ
❶ ゼリーをスプーンでくずしてグラスに盛りつけ、半分にカットしたオレンジの果肉をのせる。

レモンライムのゼリー
ゼリーとメロンを交互に入れて

材料　17人分
レモンライムのゼリー
水　1000g　　レモンの皮、ライムの皮　各½個分
⎡ グラニュー糖　200g
⎣ イナアガー L　20g
レモン汁　½個分　　ライムの果汁　½個分
リモンチェッロ　40g
仕上げ
メロン　適量

レモンライムのゼリー
❶ 水とレモン、ライムの皮を合わせて沸騰させ、火をとめてフタをしてそのまま15分おく。
❷ もう一度80〜85℃まで加熱し、グラニュー糖とイナアガー Lを混ぜ合わせて加え、泡立て器で手早くよく混ぜて溶かす。
❸ 漉し、レモン汁、ライムの果汁、リモンチェッロを加える。バットに流し、冷蔵庫で冷やし固める。
仕上げ
❶ ゼリーをスプーンでくずし、小さくカットしたメロンと交互にグラスに入れる。

ライチのゼリー
ライチとナタデココでアジアンテイストに

材料　13人分
ライチのゼリー
ライチジュース　800g
水　200g
⎡ グラニュー糖　20g
⎣ イナアガー L　20g
仕上げ
ナタデココ　適量

ライチのゼリー
❶ ライチジュースと水を合わせて85℃まで加熱する。
❷ グラニュー糖とイナアガー Lを混ぜ合わせて加え、泡立て器で手早くよく混ぜて溶かす。
❸ 漉してバットに流し、冷蔵庫で冷やし固める。
仕上げ
❶ ゼリーをスプーンでくずしてグラスに盛りつけ、ナタデココをのせる。

ブドウのゼリー
ブドウジュースにクレーム・ド・カシスで香りを添えて

材料　13人分
ブドウのゼリー
ブドウジュース　800g
水　200g
⎡ グラニュー糖　20g
⎣ イナアガー L　20g
クレーム・ド・カシス　20g
仕上げ
デラウェア　4個／1人分

ブドウのゼリー
❶ ブドウジュースと水を合わせて85℃まで加熱する。
❷ グラニュー糖とイナアガー Lを混ぜ合わせて加え、泡立て器で手早くよく混ぜて溶かす。
❸ 漉し、クレーム・ド・カシスを加える。バットに流し、冷蔵庫で冷やし固める。
仕上げ
❶ ゼリーをスプーンでくずしてグラスに盛りつけ、皮をむいたデラウェアをのせる。

シャンパンゼリー

キール・ロワイヤルゼリー　　　　　　　　　ライム・シャンパンゼリー

フランボワーズ・シャンパンゼリー　　　　　　　ミント・シャンパンゼリー

シャンパンゼリー

✤ シャンパン・カクテルをイメージしたゼリー。
✤ シャンパンは加熱しすぎず、アルコール分をある程度残している。

キール・ロワイヤルゼリー

カクテルの王道、キール・ロワイヤル仕立て

材料　24人分
シャンパンゼリー
水　600g
┌ グラニュー糖　180g
└ イナアガー L（→P50）　22g
シャンパン　400g
レモン汁　30g
仕上げ
ブルーベリー　適量
クレーム・ド・カシス　適量
シャンパン　適量

シャンパンゼリー
❶ 水を沸騰させ、グラニュー糖とイナアガーLを混ぜ合わせて加え、泡立て器で手早くよく混ぜて溶かす。
❷ シャンパンを加え、80℃まで加熱する。火をとめてレモン汁を加え、漉す。
❸ バットに流し、冷蔵庫で冷やし固める。
仕上げ
❶ フルートグラスにシャンパンゼリーをスプーンでくずして半分まで入れ、ブルーベリーを上面全体に並べる。クレーム・ド・カシスを流し、シャンパンを注いですぐに提供する。

ライム・シャンパンゼリー

シャンパンとライムの香りでフレッシュに

材料　17人分
シャンパンゼリー
→左記「キール・ロワイヤルゼリー」シャンパンゼリーと同様
ライムの皮のすりおろし　1個分
仕上げ
ライム　1/8個／1人分

シャンパンゼリー
❶「キール・ロワイヤルゼリー」のシャンパンゼリーと同様につくる。ただし、漉したあとにライムの皮のすりおろしを加える。
仕上げ
❶ フルートグラスにシャンパンゼリーをスプーンでくずして8分目まで入れ、8等分のくし形に切ったライムを添える。

フランボワーズ・シャンパンゼリー

カンパリとフランボワーズでレッドカクテルに

材料　17人分
シャンパンゼリー
→左ページ「キール・ロワイヤルゼリー」シャンパンゼリーと同様
カンパリフランボワーズ　4人分
フランボワーズ（冷凍）　50g
グラニュー糖　25g
カンパリ　25g

シャンパンゼリー
❶「キール・ロワイヤルゼリー」のシャンパンゼリーと同様につくる。
カンパリフランボワーズ
❶ フランボワーズを凍結したままビニール袋に入れ、麺棒で叩いてくだく。
❷ ①とグラニュー糖、カンパリを混ぜる。
仕上げ
❶ フルートグラスにカンパリフランボワーズを入れ、シャンパンゼリーをスプーンでくずして9分目まで入れ、上にもカンパリフランボワーズをのせる。すぐに提供する。

ミント・シャンパンゼリー

ミントリキュールがゼリーに染みわたってビビッド

材料　17人分
シャンパンゼリー
→左ページ「キール・ロワイヤルゼリー」シャンパンゼリーと同様
仕上げ
ミントリキュール　適量
ミント　適量

シャンパンゼリー
❶「キール・ロワイヤルゼリー」のシャンパンゼリーと同様につくる。
仕上げ
❶ フルートグラスにシャンパンゼリーをスプーンでくずして9分目まで入れる。ミントリキュールを流し、ミントを飾る。すぐに提供する。

プリン

ヘーゼルナッツのプリン

ミルクチョコレートとコーヒーのプリン

ピスタチオのプリン

パンプキンプリン

栗入りカプチーノプリン

プーアール茶のプリン

プリン

❖ 各種ピュレやペースト、ティーなどを利用して、いろいろなテイストでカラフルなプリンにアレンジ。

❖ プリンカップからぬいて盛りつけるときは、プリンの上面の縁のほうを指で押して型からはずし、皿の上に逆さにおくと自然にでてくる。

ヘーゼルナッツのプリン
ヘーゼルナッツペーストが分離してツートンに

材料　23人分
ヘーゼルナッツのプリン
- グラニュー糖　160g
- 水　30g
- 牛乳　800g
- 生クリーム　200g
- ヘーゼルナッツペースト（ロースト）　200g
- 全卵　200g
- 卵黄　120g
- グラニュー糖　200g

仕上げ
- ヘーゼルナッツのキャラメリゼ（→P142）1個／1人分

ヘーゼルナッツのプリン
❶ グラニュー糖を濃いキツネ色になるまで加熱し、水を少しずつ加えてのばしてキャラメルをつくる。直径5.5cm×高さ4cmプリンカップ（90cc容量）に流し、天板に並べておく。
❷ 牛乳と生クリームは合わせて沸騰させる。
❸ ②をヘーゼルナッツペーストに少しずつ加えながら混ぜる。
❹ 全卵と卵黄、グラニュー糖をすり混ぜ、③を加えて混ぜる。漉し、アクをしっかりとる。
❺ ①のプリンカップに流し入れる。天板にカップの1/3の高さまでお湯を張り、150℃のオーブンで35〜40分湯煎焼きする。あら熱がとれたら、冷蔵庫に入れて冷やす。

仕上げ
❶ プリンカップからぬいて皿に盛りつけ、ヘーゼルナッツのキャラメリゼを飾る。

ピスタチオのプリン
ピスタチオペーストでコクのあるプリン

材料　23人分
ピスタチオのプリン
- グラニュー糖　160g
- 水　30g
- 牛乳　800g
- 生クリーム　200g
- ピスタチオペースト（ロースト）　150g
- 全卵　200g
- 卵黄　120g
- グラニュー糖　200g

仕上げ
- ピスタチオのクラクラン（→P143）　適量

ピスタチオのプリン
❶ 左記「ヘーゼルナッツのプリン」と同様につくる。ただしペーストをピスタチオペーストに置き換える。

仕上げ
❶ 盛りつけてピスタチオのクラクランをのせる。

ミルクチョコレートとコーヒーのプリン
ミルクチョコレートにコーヒーの苦みがほんのり

材料　24人分
ミルクチョコレートとコーヒーのプリン
- グラニュー糖　160g
- 水　30g
- 生クリーム　720g
- 牛乳　480g
- バニラ棒　1本
- インスタントコーヒー　4.5g
- ミルクチョコレート（カカオ分35％）　240g
- 卵黄　165g
- 全卵　120g
- グラニュー糖　180g

ミルクチョコレートとコーヒーのプリン
❶ 左記「ヘーゼルナッツのプリン」①と同様にキャラメルをつくってプリンカップに流す。
❷ 生クリームと牛乳、さいたバニラ棒を合わせて沸騰させ、火をとめてフタをして15分おく。
❸ ②にインスタントコーヒーを加えて溶かし、漉す。
❹ 刻んだミルクチョコレートに③を少量加えてよく混ぜ、残りの③も加えて混ぜる。
❺ 卵黄と全卵、グラニュー糖をすり混ぜ、④を加えて混ぜる。裏漉しする。
❻ 「ヘーゼルナッツのプリン」⑤と同様にする。

仕上げ
❶ プリンカップからぬいて盛りつける。

パンプキンプリン
パンプキンと相性がいいラムレーズンと

材料　28人分
パンプキンプリン
　グラニュー糖　160g
　水　30g
　牛乳　800g
　生クリーム　200g
　バニラ棒　½本
　パンプキンピュレ　500g
　全卵　240g
　卵黄　200g
　グラニュー糖　125g
仕上げ
　ラムレーズン（→P147）　適量

パンプキンプリン
❶ 左ページ「ヘーゼルナッツのプリン」①と同様にキャラメルをつくってプリンカップに流す。
❷ 牛乳と生クリーム、さいたバニラ棒を合わせて沸騰させ、火をとめてフタをして15分おく。
❸ ②をパンプキンピュレに加えて混ぜる。
❹ 全卵と卵黄、グラニュー糖をすり混ぜ、③を加えて混ぜる。
❺ 鍋にもどして火にかけ、混ぜながら75℃まで加熱する（こうすると分離しない）。裏漉しする。
❻「ヘーゼルナッツのプリン」⑤と同様にする。
仕上げ
❶ 盛りつけてラムレーズンをのせる。

栗入りカプチーノプリン
ふんわりクリームでカプチーノ仕立て

材料　5人分
プリン
　牛乳　280g
　生クリーム　180g
　コーヒー豆　15g
　インスタントコーヒー　5g
　卵黄　100g
　グラニュー糖　75g
クリーム
　クレーム・パティシエール（→P146）　75g
　生クリーム　125g
栗のコンポート
　むき栗　100g
　グラニュー糖　30g
　水　100g
　バニラ棒　1/10本
　＊市販の栗のシロップ煮を使ってもいいが、全体的に甘みが強いので、糖度が低いコンポートをつくっている。
仕上げ
　粉糖　適量

プリン
❶ 牛乳と生クリームを合わせて沸騰させ、くだいたコーヒー豆を入れて火をとめ、フタをして15分蒸らす。インスタントコーヒーを加えて溶かす。
❷ 卵黄とグラニュー糖をすり混ぜ、①を加えて混ぜ、裏漉しする。
❸ デミタスカップに流し入れ、左ページ「ヘーゼルナッツのプリン」⑤と同様にする。
クリーム
❶ クレーム・パティシエールに6分立てに泡立てた生クリームを加えて混ぜる。
栗のコンポート
❶ むき栗はゆでる。
❷ グラニュー糖と水、バニラ棒を沸騰させてシロップをつくり、①を入れてもう一度沸騰させ、火をとめてそのまま冷ます。
仕上げ
❶ プリンに栗のコンポートを小さくくずしてちらし、クリームをのせる。粉糖をふり、ガスバーナーで焦げめをつける。

プーアール茶のプリン
キャラメルに煮だした茶葉もしのばせて

材料　20人分
プーアール茶のプリン
　グラニュー糖　160g
　水　30g
　水　100g
　プーアールティー茶葉　12g
　牛乳　900g
　全卵　180g
　卵黄　120g
　グラニュー糖　150g

プーアール茶のプリン
❶ 左ページ「ヘーゼルナッツのプリン」①と同様にキャラメルをつくってプリンカップに流す。
❷ 水を沸騰させ、プーアールティー茶葉を入れて火をとめ、フタをして3分蒸らす。
❸ 別に牛乳を沸騰させ、②に加えてさらに5分蒸らす。漉す。
❹ 全卵と卵黄、グラニュー糖をすり混ぜ、③を加えて混ぜる。裏漉しする。
❺ ③で漉した茶葉のうち少量はお湯で軽く洗ってから刻み、①に入れておく。
❻「ヘーゼルナッツのプリン」⑤と同様にする。
仕上げ
❶ プリンカップからぬいて盛りつける。

サマースフレ

ピスタチオとチョコレートのサマースフレ

フランボワーズのサマースフレ

パッションフルーツのサマースフレ

パイナップルとバナナのサマースフレ

サマースフレ

❖ メレンゲをゆでてつくるクラシカルなデザート「ウ・ア・ラ・ネージュ」をアレンジ。ひんやりと冷やしたふわふわのデザートなので、ネーミングは『サマースフレ』。

❖ 本来はしっかりとしたメレンゲをつくるために砂糖の配合を多くするので、かなり甘くなり、現代的なデザートに仕立てにくいが、メレンゲにトレハ（砂糖の45％の甘味度で、かつ安定してしっかりとしたメレンゲができる）を配合して甘みを調整している。

❖ 卵白特有の風味が強くならないよう、ライムの皮のすりおろしを配合。細かい粒が舌にあたるたびにさわやかな香りがはじける。

❖ メレンゲの配合を調整しても甘みは強めなので、酸味があるソースやフルーツと組み合わせてデザートに仕立てる。

❖ 時間がたつと水分がでてハリがなくなるので、ゆでたあとは1日くらいが限界。

❖ 製菓で余りやすい卵白を利用できるので、原価的にもメリットあり。

ピスタチオとチョコレートのサマースフレ

ハート形の中にはとろけるミルクチョコレート

材料　30人分
ミルクチョコレートクリーム
生クリーム　150g
ミルクチョコレート（カカオ分35％）　90g
サマースフレ
→右記「フランボワーズのサマースフレ」と同様
ただし、ジンをキルシュに置き換える
ピスタチオアングレーズソース
アングレーズソース（→P138）　1400g
ピスタチオペースト（ロースト）　200g
仕上げ
ディプロマットクリーム（→P146）　600g
ピスタチオナッツ　スライス3枚／1人分

ミルクチョコレートクリーム
❶ 生クリームを沸騰させ、刻んだチョコレートに少しずつ加えてよく混ぜる。小さめのフレキシパン型に流し入れ、冷蔵庫でひと晩冷やし固める（またはすぐにサマースフレに絞り入れてもいい）。
サマースフレ
❶「フランボワーズのサマースフレ」サマースフレ①～②と同様にメレンゲを泡立て、最後にキルシュを加える。
❷ 直径7cm×高さ4.5cmハート形セルクルに無塩バター（分量外）をぬり、①を半分まで絞り入れ、スプーンで縁まですりあげる。
❸ ミルクチョコレートクリームを入れ、縁まで①を絞り入れてパレットナイフでならす。
❹「フランボワーズのサマースフレ」サマースフレ④～⑥と同様にゆでて冷やす。ただし厚みがあるので、木ベラで上から軽く押しつけてお湯に半分くらい浸しながらゆでる。お湯に入れるとセルクルにぬったバターがすぐに溶け、セルクルは自然にぬけて下に沈む。
ピスタチオアングレーズソース
❶ P138と同様にアングレーズソースをつくる。ただし、ピスタチオペーストを牛乳と生クリーム、さいたバニラ棒と沸騰させる。
仕上げ
❶ サマースフレを盛りつけ、上にディプロマットクリームを口径7mmの丸口金で絞り、ピスタチオのスライスを飾る。ピスタチオアングレーズソースを流す。

フランボワーズのサマースフレ

星口金で大きく絞りだして成形

材料　30人分
サマースフレ
卵白　350g
ライムの皮のすりおろし　1個分
トレハ　100g
グラニュー糖　200g
ジン　10g
仕上げ
ディプロマットクリーム（→P146）　600g
フランボワーズ　5個／1人分
フランボワーズソース（→P138）　適量

サマースフレ
❶ 卵白にライムの皮のすりおろし、トレハを加えて泡立てはじめる。
❷ ボリュームがでてきたら、グラニュー糖を少しずつ加えてさらに9分立てまで泡立て、最後にジンを加える。砂糖の配合が多いので9分立てでもボソボソにはならない。
❸ バットに6cm角のセロハンを敷いておき、②のメレンゲを口径11mmの8割星口金をつけた絞り袋に入れてこんもりと60個絞る。
❹ お湯を沸かして火を弱め、泡が浮かんでこない程度の低い湯温を保つ。メレンゲ同士がくっつかないよう、鍋は口が広いものを。
❺ ③をセロハンごと持ちあげてお湯に落とす。15秒ほどゆでたら裏返し、さらに15秒ゆでる。裏返すときは、木ベラでメレンゲを軽く押し沈め、木ベラを返すといい。
❻ バットにとりだし、冷蔵庫に入れてよく冷やす。
仕上げ
❶ サマースフレを1個おき、ディプロマットクリームを口径7mmの丸口金で絞り、フランボワーズを並べ、さらにディプロマットクリームを絞り、サマースフレをのせる。
❷ まわりにフランボワーズソースを流す。

パイナップルとバナナのサマースフレ

デザートのパーツとしてサマースフレを利用

材料　40人分
サマースフレ
→左ページ「フランボワーズのサマースフレ」と同様
パート・ブリゼ
パート・ブリゼ（→P147）　1000g
クレーム・ダマンド（→P146）　800g
パイナップル　800g
仕上げ
ディプロマットクリーム（→P146）　600g
バナナ　600g
マンゴーパッションソース（→P138）　600g

サマースフレ
❶「フランボワーズのサマースフレ」サマースフレと同様につくる。ただし直径7cm×高さ3.5cmドーム型に絞り入れてすりきり、冷凍庫に15分ほど入れて表面を固めてからゆでる。型ごとお湯に浸けて縁のほうを押すときれいにぬける。
パート・ブリゼ
❶パート・ブリゼを厚さ2mmにのし、直径8.5cmセルクルで40枚ぬく。
❷180℃のオーブンで約20分空焼きする。
❸②にクレーム・ダマンドを薄く絞り、1.5cm角にカットしたパイナップルを並べる。
❹200℃のオーブンで表面に焼き色がつくまで12～15分焼く。冷ましておく。
仕上げ
❶パート・ブリゼにディプロマットクリームを薄く絞り、1.5cm角にカットしたバナナを並べる。サマースフレに粉糖をふり、上にのせる。
❷①を盛りつけ、マンゴーパッションソースを流す。

パッションフルーツのサマースフレ

酸味がきいたパッションフルーツのクリームを入れて

材料　20人分
パッションクリーム
全卵　1個
グラニュー糖　65g
パッションフルーツピュレ　38g
レモンの皮のすりおろし　¼個分
無塩バター　35g
サマースフレ
→左ページ「フランボワーズのサマースフレ」と同様
仕上げ
オレンジ　4個
アングレーズソース（→P138）　適量

パッションクリーム
❶全卵とグラニュー糖をすり混ぜ、パッションフルーツピュレ、レモンの皮のすりおろしを加える。湯煎にかけて混ぜながら、85℃まで加熱する。裏漉しする。
❷バターをポマード状にし、①に加えて混ぜる。
❸小さめのフレキシパン型に絞り入れ、凍結させる（糖度が高く冷凍庫では固まらないので、ショックフリーザーがない場合は、冷ましてからサマースフレに絞り入れる）。
サマースフレ
❶「フランボワーズのサマースフレ」サマースフレ①～②と同様にメレンゲを泡立てる。
❷直径6cm×高さ4cmセルクルに無塩バター（分量外）をぬり、①を半分まで絞り入れ、スプーンで縁まですりあげる。
❸パッションクリームを入れ、縁まで①を絞り入れてパレットナイフでならす。
❹「ピスタチオとチョコレートのサマースフレ」サマースフレ④と同様にゆでて冷やす。
仕上げ
❶サマースフレを盛りつけ、上に半分にカットしたオレンジの果肉をのせる。まわりにアングレーズソースを流す。

フルーツのシンプルデザート

パイナップル、マンゴー
＋エキゾチックシロップ

白桃＋マンゴービネガー

オレンジ、グレープフルーツ
＋
レモングラスソーダ

スイカ、フランボワーズ
＋
ルージュシロップ

２色のメロン
＋
ミントシロップ

フルーツのシンプルデザート

❖ フレッシュフルーツ、コンポート、ドリンクの魅力を併せもつ、フレッシュ感あふれるデザート。
❖ 基本的にフレッシュのフルーツをカットして、シロップやビネガーなどをかけるだけ。簡単につくれる。
❖ フルーツをシンプルにおいしく食べるためのデザートなので、カットは大ぶりに。
❖ 自家製のシロップはミネラルウォーターや炭酸水で割ってドリンクにアレンジしたり、ゼリーにするのもオススメ。

パイナップル、マンゴー ＋エキゾチックシロップ

スパイシーな自家製エキゾチックシロップで

材料　10人分
エキゾチックシロップ
オレンジジュース　250g
ハチミツ　100g
グランマルニエ　10g
オレンジの皮　1個分
スターアニス　1個
クローブ　1個
シナモン棒　1本
バニラ棒　1本
⎡ スイートバジルシード　1g
⎣ 水　15g
仕上げ
パイナップル　500g
マンゴー　500g
ミント　適量

エキゾチックシロップ
❶ スイートバジルシードと水以外の材料すべてを合わせて沸騰させ、火をとめてフタをして30分蒸らす。漉す。
❷ スイートバジルシードを水に10分ほど浸してもどす。
❸ ①と②を混ぜる。冷やしておく。
仕上げ
❶ パイナップルとマンゴーは1.5cm角にカットし、エキゾチックシロップと和える。
❷ ①をグラスに盛りつけ、ミントを飾る。

白桃＋マンゴービネガー

ヘルシー素材のビネガーはフルーツと相性抜群

材料　1人分
白桃　½個
マンゴービネガー　20g

❶ 白桃は半分にカットして種をとりのぞき、薄くスライスする。
❷ 皿に①を倒して盛りつけ、マンゴービネガーをかける。すぐに提供する。
＊ビネガーの酸味が強い場合は、ガムシロップ適宜を混ぜて調節する。
＊ビネガーはマンゴーに限らず、お好みでアレンジを。

オレンジ、グレープフルーツ ＋レモングラスソーダ

柑橘類と相性のいいレモングラスと

材料　1人分
オレンジ　½個
グレープフルーツ　¼個
レモングラスシロップ（→P131）　20g
炭酸水　90cc

❶ オレンジとグレープフルーツは果肉を半分にカットする。
❷ グラスにレモングラスシロップと①を入れ、炭酸水を注ぐ。

スイカ、フランボワーズ ＋ルージュシロップ

グレナデン、スイカ、フランボワーズでルージュー色

材料　10人分
ルージュシロップ
水　500g
グレナデンシロップ　80g
グラニュー糖　60g
オレンジの皮　½個分
コアントロー　10g
仕上げ
スイカ　800g
フランボワーズ　200g

ルージュシロップ
❶ 材料すべてを合わせて沸騰させ、火をとめて15分おく。漉し、よく冷やしておく。
❷ ①で漉したオレンジの皮はせん切りにする。
仕上げ
❶ スイカは1.5cm角にカットし、フランボワーズは半分にカットする。
❷ ①をグラスに入れ、ルージュシロップを注ぐ。ルージュシロップのオレンジの皮を添える。

2色のメロン ＋ミントシロップ

緑と赤の二色のメロンで贅沢に

材料　10人分
ミントシロップ
水　500g
レモンの皮　½個分
ミントの葉　10枚
グラニュー糖　60g
レモン汁　½個分
ミントリキュール　30g
仕上げ
メロン（緑、赤）　各500g

ミントシロップ
❶ 水とレモンの皮を合わせて沸騰させ、火をとめてミントの葉を加え、フタをして5分蒸らす。
❷ 漉し、グラニュー糖、レモン汁、ミントリキュールを加える。冷やしておく。
仕上げ
❶ メロン2種類はひと口大にカットする。
❷ ①をグラスに交互に入れ、ミントシロップを注ぐ。

フレッシュフルーツコンポート

桃の白ワインコンポート

ネクタリンのレモンコンポート

オレンジのグレナデンコンポート

いちじくの赤ワインコンポート

洋梨の紅茶コンポート

フレッシュ フルーツコンポート

❖ シロップはほんのりと甘い程度にとどめ、フレッシュなフルーツ感を楽しむためのコンポート。火入れも浅くしてフルーツの果肉感やみずみずしさを残している。

❖ フルーツのうまみがでたシロップもたっぷりと注いで盛りつけし、シロップも一緒に飲んでもらう。

❖ 余ったシロップは炭酸水やミネラルウォーターで割ってドリンクにアレンジできる。

ネクタリンのレモンコンポート
ネクタリンは皮の食感もおいしさのうち

材料　4人分
ネクタリン　4個
水　500g
グラニュー糖　150g
レモンの皮　1個分
リモンチェッロ　40g

❶ ネクタリンは皮はむかずに縦半分に切り目を入れて種をとり、4〜6等分のくし形に切る。
❷ 水とグラニュー糖、レモンの皮を合わせて沸騰させる。
❸ ②に①を入れ、落としブタをして弱火で約20分煮る。
❹ 火をとめてリモンチェッロを加えて冷まし、冷蔵庫でひと晩やすませて味を染み込ませる。
❺ シロップとともに盛りつける。

桃の白ワインコンポート
丸ごと一個のボリュームたっぷりコンポート

材料　3人分
桃の白ワインコンポート
白ワイン　250g
水　250g
グラニュー糖　100g
レモンの皮　½個
シナモン棒　½本
白桃　3個
白ワイン　80g
ピーチリキュール　30g
仕上げ
フランボワーズ　3½個／1人分

桃の白ワインコンポート
❶ 白ワインと水、グラニュー糖、レモンの皮、シナモン棒を合わせて沸騰させる。
❷ 白桃の皮をむき、①に入れて落としブタをして弱火で20〜30分煮る。竹串がすっと通るようになったら、火をとめてそのまま冷ます。冷蔵庫でひと晩やすませて味を染み込ませる。
❸ ②に白ワイン、ピーチリキュールを加える。
仕上げ
❶ 桃の白ワインコンポートを1個丸ごと盛りつけてシロップをたっぷりと注ぎ、半分にカットしたフランボワーズを浮かべる。

オレンジのグレナデンコンポート

オレンジにグレナデンシロップで香りと色づけ

材料　6人分
オレンジ　3個
水　500g
グラニュー糖　70g
グレナデンシロップ　80g
グランマルニエ　40g

❶ オレンジは丸ごと皮をむき、皮は白いワタ部分をそぎとってからせん切りにする。
❷ 水とグラニュー糖、グレナデンシロップを合わせて沸騰させ、①の皮を入れて弱火で5分煮る。
❸ ①のオレンジを加え、落としブタをしてもう一度沸騰させる。
❹ そのまま冷ましてから、グランマルニエを加える。冷蔵庫でひと晩やすませて味を染み込ませる。
❺ オレンジを小房から切りだし、半分にカットする。グラスに盛りつけてシロップを注ぎ、オレンジの皮を飾る。

洋梨の紅茶コンポート

洋梨を丸ごとコンポート

材料　3人分
洋梨　3個
水　500g
アールグレイティー茶葉　8g
グラニュー糖　180g
バニラ棒　½本

❶ 洋梨は軸を残し、皮をむく。
❷ 水を沸騰させ、アールグレイティー茶葉を入れて火をとめ、フタをして3分蒸らす。漉す。
❸ グラニュー糖とさいたバニラ棒を加えてもう一度沸騰させる。
❹ ①の洋梨を加え、落としブタをして弱火で20〜30分煮る。火をとめてそのまま冷まし、冷蔵庫でひと晩やすませて味を染み込ませる。
❺ ④の洋梨を1個丸ごと盛りつけ、シロップをたっぷりと注ぐ。

いちじくの赤ワインコンポート

セミドライイチジクで濃厚シロップに

材料　4人分
セミドライイチジク　30g
イチジク（生）　6個
赤ワイン　250g
水　250g
グラニュー糖　70g
オレンジの皮　⅓個分
シナモン棒　½本

❶ セミドライイチジクは細かく刻む。イチジクは皮をむく。
❷ 生のイチジク以外の材料すべてを合わせて沸騰させる。
❸ イチジクを加えてもう一度沸騰させる。セミドライイチジクはシロップに味をだすためなので煮くずれてもかまわない。そのまま冷ましてから、冷蔵庫でひと晩やすませて味を染み込ませる。
❹ イチジクを半分にカットしてグラスに盛りつけ、シロップをたっぷりと注ぐ。

多彩なデザートアレンジ
レミントン

チョコレートのレミントン

フランボワーズのレミントン　　抹茶のレミントン

レミントン

❖ ジェノワーズ生地にチョコレートを染み込ませてつくる、オーストラリアの郷土菓子。
❖ チョコレート、フランボワーズ、抹茶の三色にアレンジ。

チョコレートのレミントン
ベーシックなチョコレートテイスト

材料 48個分
ジェノワーズ生地　29cm×38cmカードル1台分
- 全卵　675g
- 卵黄　75g
- グラニュー糖　450g
- 無塩バター　90g
- 牛乳　90g
- 薄力粉　450g

チョコレートソース
- 生クリーム　660g
- 水　660g
- ココアパウダー　160g
- グラニュー糖　360g
- ブラックチョコレート（カカオ分55％）　720g

組立て
ココナッツファイン　適量

仕上げ
クレーム・シャンティイ（→P146）　適量
ヘーゼルナッツのキャラメリゼ（→P142）　適量

ジェノワーズ生地
❶ ミキサーボウルに全卵と卵黄、グラニュー糖を入れ、湯煎にあてながら泡立て器で混ぜる。
❷ 人肌になったら湯煎からはずし、ホイッパーで高速でリボン状にとろりとたれるようになるまでしっかり泡立てる。
❸ バターと牛乳を合わせて温め、バターを溶かす。
❹ ②に薄力粉を少しずつ加えながら、ゴムベラでていねいに混ぜる。
❺ ④のうち少量を③に加えて混ぜ合わせ、これを④にもどして混ぜる。
❻ カードルに4cm厚さに流し入れる。
❼ 160℃のオーブンで40〜45分焼く。
❽ 冷ましてから、上下の焼き面を切り落とし、4.5cm角の立方体にカットする。

チョコレートソース
❶ 生クリームと水を合わせて沸騰させる。
❷ ココアパウダーとグラニュー糖を泡立て器でよく混ぜ、①を少しずつ加えてよく混ぜる。
❸ 刻んだチョコレートに②の⅓量を加えてよく混ぜ、残りも数回に分けて加えて混ぜる。

組立て
❶ チョコレートソースを45℃くらいに温める。
❷ ジェノワーズ生地にフォークをさし、①に全体を浸してバットに並べる。1個につきチョコレートソースを約40g染み込ませるのが目安で、周囲にだけチョコレートソースが染みている。
❸ 冷蔵庫で表面を冷やし固めてから、ココナッツファインを全面にまぶす。

仕上げ
❶ 上にクレーム・シャンティイを少量絞り、ヘーゼルナッツのキャラメリゼを飾る。

フランボワーズのレミントン
フワンボワーズのアレンジバージョン

材料
ジェノワーズ生地
→左記「チョコレートのレミントン」と同様につくる
フランボワーズソース
- フランボワーズピュレ　100g
- 水　125g
- グラニュー糖　50g
- ホワイトチョコレート　100g
- 赤色の食用色素　少々

組立て
ココナッツファイン　適量

フランボワーズソース
❶ フランボワーズピュレと水、グラニュー糖を合わせて沸騰させる。漉す。
❷ 刻んだホワイトチョコレートに①の⅓量を加えてよく混ぜ、残りも数回に分けて加えて混ぜる。赤色の食用色素を加えて混ぜる。

組立て
❶「チョコレートのレミントン」組立てと同様にする。

抹茶のレミントン

抹茶で和テイストのアレンジ

材料
ジェノワーズ生地
→左ページ「チョコレートのレミントン」と同様につくる
抹茶ソース
生クリーム　140g
水　140g
グラニュー糖　30g
抹茶　8g
ホワイトチョコレート　360g
組立て
ココナッツファイン　適量

抹茶ソース
❶生クリームと水を合わせて沸騰させる。
❷グラニュー糖と抹茶をよく混ぜ合わせ、①を少しずつ加えて混ぜる。
❸刻んだホワイトチョコレートに②の1/3量を加えてよく混ぜ、残りも数回に分けて加えて混ぜる。

組立て
❶「チョコレートのレミントン」組立てと同様にする。

シューのプチデザート

リンゴソテーのシュー

桃のシュー　　　　　　　　　メロンのシュー

シューのプチデザート

❖ シュー生地を使ってさまざまにアレンジ。フルーツやソースなどと組み合わせて自由自在に。

❖ クレーム・パティシエールとクレーム・シャンティを合わせたディプロマットクリームを詰め、軽めに仕立てる。

❖ ディプロマットクリームにアルコールを入れて香りをきかせるのもポイント。アルコールはディプロマットクリームの3%量を目安に配合する。

❖ シュー生地は焼成後に冷凍保存可能。使用する直前に凍ったままの生地を200℃のオーブンに約3分入れてパリッと焼きもどす。焼きたてとほとんど風味は変わらないので、まとめて仕込むことができる。

◆シュー生地

基本分量 約600g分
- 牛乳 100g
- 水 100g
- 無塩バター 90g
- グラニュー糖 4g
- 塩 2g
- 薄力粉 110g
- 全卵 約200g

❶ 鍋に牛乳と水、バター、グラニュー糖、塩を入れて沸騰させる。
❷ 火からおろし、薄力粉を加えて泡立て器で手早く混ぜる。
❸ 鍋を中火にかけ、木ベラで力を入れて3分ほどよく練り混ぜる。鍋底に薄い膜が張ったら、すぐに火からおろす。
❹ すぐにミキサーボウルに移し、ビーターで低速で回し、全卵を1個分ずつをめどに少しずつ加えながら混ぜていく。最終的な生地の硬さは、木ベラですくうとポトンと落ち、木ベラに残った生地が三角形にたれるくらい。この硬さになるように全卵の量は加減する。
❺ 用途に応じて天板に絞りだす。
＊丸形のシュー → 口径12mmの丸口金で直径4cmのドーム状に絞る。生地40～45g／1個。
＊プチシュー → 口径8mmの丸口金で直径3cmの小さいドーム状に絞る。生地8～10g／1個。
＊エクレア → 口径12mmの16割星口金で9cm長さに絞る。生地35～40g／1個。
❻ 霧を吹き、180～200℃のオーブンで約30分焼く。

リンゴソテーのシュー

相性抜群のリンゴとキャラメルをシューデザートに

材料 8人分
丸形のシュー（→左記「シュー生地」） 8個
リンゴソテー
リンゴ（紅玉） 2個
澄ましバター（→P147） 20g
グラニュー糖 30g
ラムレーズン（→P147） 20g
仕上げ
 ┌ ディプロマットクリーム（→P146） 320g
 └ カルバドス 10g
 ┌ アングレーズソース（→P138） 適量
 └ カルバドス アングレーズソースの3%量
キャラメルソース（→P139） 適量

リンゴソテー
❶ リンゴは皮をむいて12等分のくし形に切り、さらに4等分にカットする。
❷ フライパンに澄ましバターとグラニュー糖を入れて中火にかけ、白い泡が立ってきたら①のリンゴを加えて柔らかくなるまでソテーする。ラムレーズンも加える。

仕上げ
❶ ディプロマットクリームとカルバドスを混ぜる。
❷ シューを上部⅓でカットし、①を40gずつ絞り入れ、リンゴソテーをのせる。
❸ アングレーズソースとカルバドスを混ぜる。
❹ 皿に③のソースを流し、②のシューを盛りつける。上から皿全体にキャラメルソースを絞る。

桃のシュー

初夏を感じさせる涼しげなシューアレンジ

材料　6人分
丸形のシュー（→左ページ「シュー生地」）　6個
レモングラスのゼリー
水　250g
レモングラス　8g
オレンジの皮　1/8個分
　グラニュー糖　40g
　イナアガーL（→P50）　5.5g
仕上げ
　ディプロマットクリーム（→P146）　240g
　キルシュ　7g
白桃　1個
大石プラム　2個
クレーム・シャンティイ（→P146）　90g
ピスタチオナッツ　スライス2枚／1人分

レモングラスのゼリー
❶ 水とレモングラス、オレンジの皮を合わせて沸騰させ、火をとめてフタをして30分蒸らす。
❷ 漉し、もう一度80〜85℃まで加熱する。
❸ グラニュー糖とイナアガーLを混ぜ合わせて加え、泡立て器で手早くよく混ぜて溶かす。
❹ バットに流し、冷蔵庫で冷やし固める。

仕上げ
❶ ディプロマットクリームとキルシュを混ぜる。
❷ 白桃と大石プラムは1.5cm角にカットする。
❸ シューを上部1/3でカットし、①を40gずつ絞り入れ、②の白桃と大石プラムを交互にのせる。
❹ クレーム・シャンティイ15gを温めたスプーンでクネル形にとり、③にのせる。ピスタチオのスライスを飾る。
❺ ④のシューを盛りつけ、レモングラスのゼリーをスプーンでくずしてまわりに流す。

メロンのシュー

メロンを叩いた果肉感のあるフレッシュソースで

材料　5人分
丸形のシュー（→左ページ「シュー生地」）　5個
メロンソース
グラニュー糖　20g
お湯　20g
メロン　200g
仕上げ
　ディプロマットクリーム（→P146）　200g
　キルシュ　6g
メロン　100g
キウイフルーツ　100g
クレーム・シャンティイ（→P146）　50g
　シュー生地のうずまき（→P141）　5枚
　粉糖　適量

メロンソース
❶ グラニュー糖とお湯を混ぜて溶かし、冷ましておく。
❷ メロンを包丁で叩いてソース状にする。
❸ ①と②を混ぜる。

仕上げ
❶ ディプロマットクリームとキルシュを混ぜる。
❷ メロンとキウイフルーツは1.5cm角にカットする。
❸ シューを上部1/3でカットし、①を40gずつ絞り入れ、②のメロンとキウイを交互にのせる。クレーム・シャンティイを丸口金で10g絞る。シュー生地のうずまきに粉糖をふり、上にのせる。
❹ ③のシューを盛りつけ、まわりにメロンソースを流す。

シューのプチデザート

キャラメルプチシュー

プチシューのモンブラン

抹茶エクレア

抹茶プロフィットロール

プロフィットロール

チョコプチシュー

キャラメルプチシュー

シュー生地のカップで印象的に

材料　1人分
プチシュー（→P78「シュー生地」）　4個
シュー生地のカップ（→P141）　1個
├ グラニュー糖　100g
└ 水　30g
ディプロマットクリーム（→P146）　50g

❶グラニュー糖と水を合わせて180℃まで加熱し、火をとめてそのままおいて余熱でキャラルをつくる。
❷プチシューの上部⅓に①をつける。
❸②の底に箸などで穴をあけ、ディプロマットクリームを10gずつ絞り入れる。
❹皿にディプロマットクリームを少量絞ってシュー生地のカップをおき、③を盛りつける。

プチシューのモンブラン

秋向けの栗のシューデザートアレンジ

材料　1人分
プチシュー（→P78「シュー生地」）　2個
モンブランクリーム　20人分
マロンペースト　50g
マロンピュレ　100g
ダークラム　50g
クレーム・シャンティイ（→P146）　50g
仕上げ
ディプロマットクリーム（→P146）　20g
クレーム・シャンティイ（→P146）　10g
シュー生地のスティック（→P141）　2本
粉糖　適量
栗のシロップ煮　1個

モンブランクリーム
❶ミキサーボウルにマロンペーストを入れ、ビーターでなめらかになるまで中速で混ぜる。マロンピュレをちぎって加え、なめらかになったら、ダークラムも加える。
❷裏漉しし、9分立てに泡立てたクレーム・シャンティイを加えてゴムベラで混ぜる。
仕上げ
❶プチシューを上部⅓でカットし、ディプロマットクリームを10gずつ絞り入れ、上にクレーム・シャンティイを丸口金でこんもりと5gずつ絞る。
❷モンブランクリームを口径5mmの丸口金でクレーム・シャンティイをおおうように10gずつ絞る。
❸②のプチシューを並べて盛りつけ、シュー生地のスティックをのせ、粉糖をふる。半分にカットした栗のシロップ煮を1切れずつ飾る。

抹茶エクレア

抹茶と小豆で和菓子テイストのエクレア

材料　13人分
エクレア（→P78「シュー生地」）　13個
抹茶パティシエール　26人分
├ 牛乳　200g
└ バニラ棒　⅕本
├ 卵黄　35g
└ グラニュー糖　50g
├ 薄力粉　18g
└ 抹茶　5g
抹茶シャンティイ
├ 抹茶　4g
├ グラニュー糖　4g
└ お湯　8g
クレーム・シャンティイ（→P146）　250g
仕上げ
├ 抹茶パティシエール（→上記）　適量
└ 牛乳　適量
クレーム・シャンティイ　195g
小豆大納言（かのこ豆）　約16個／1人分
粉糖　適量

抹茶パティシエール
❶P146「クレーム・パティシエール」と同様につくる。ただし抹茶を薄力粉とともにふるって加える。
抹茶シャンティイ
❶抹茶とグラニュー糖を混ぜ、お湯を加えてよく練り合わせる。
❷8分立てにしたクレーム・シャンティイに①を加えて混ぜる。
仕上げ
❶抹茶パティシエールを牛乳でのばす。
❷エクレアを上部⅓でカットし、抹茶パティシエールを10g絞り入れ、クレーム・シャンティイを口径12mmの丸口金で15g絞る。さらにこの上に抹茶シャンティイを口径5mmの丸口金で20g絞る。小豆大納言を上面にびっしりとのせ、抹茶シャンティイを少量絞り、カットしたシューの上部をかぶせる。
❸皿に①のソースを絞り、②のエクレアを盛りつけ、粉糖をふる。

抹茶プロフィットロール
プロフィットロールの抹茶アレンジ

材料　1人分
プチシュー（→P78「シュー生地」）　4個
ディプロマットクリーム（→P146）　40g
クレーム・シャンティイ（→P146）　20g
抹茶ホワイトチョコソース（→P139）　適量
抹茶クランブル（→P142）　適量

❶ プチシューを上部1/3でカットし、ディプロマットクリームを10g絞り入れ、クレーム・シャンティイも丸口金でこんもりと5g絞る。カットしたシューの上部をかぶせる。
❷ ①のプチシューを盛りつけ、抹茶ホワイトチョコソースをかけ、抹茶クランブルをちらす。

プロフィットロール
カリカリのヌガーを入れたクリームを詰めて

材料　1人分
プチシュー（→P78「シュー生地」）　4個
［ディプロマットクリーム（→P146）　40g
　ヌガー（→P143）　4g
クレーム・シャンティイ（→P146）　20g
チョコレートソース（→P139）　適量
アーモンドスライス　適量
粉糖　適量

❶ ディプロマットクリームとヌガーを混ぜる。
❷ プチシューを上部1/3でカットし、①を10g絞り入れ、上にクレーム・シャンティイを星口金で5g絞る。カットしたシューの上部をかぶせる。
❸ ②のプチシューを盛りつけ、チョコレートソースをかける。ローストしたアーモンドスライスをちらし、粉糖をふる。

チョコプチシュー
チョコレートのディプロマットクリームを詰めて

材料　1人分
プチシュー（→P78「シュー生地」）　3個
チョコレートディプロマットクリーム　14人分
カカオマス　55g
クレーム・パティシエール（→P146）　280g
生クリーム　100g
チョコレートシャンティイ　20人分
クレーム・シャンティイ（→P146）　250g
チョコレートソース（→P139）　50g
仕上げ
チョコレートシート（→P144・割る）　4枚
チョコレートソース　適量

チョコレートディプロマットクリーム
❶ カカオマスを湯煎にあてて溶かす。
❷ ①にクレーム・パティシエール少量を加えて混ぜ、これをもどして混ぜ合わせる。
❸ 生クリームを9分立てに泡立て、②と混ぜる。
チョコレートシャンティイ
❶ 8分立てにしたクレーム・シャンティイにチョコレートソースを加えて混ぜる。
仕上げ
❶ プチシューを上部1/3でカットし、チョコレートディプロマットクリームを丸口金で10g絞り入れ、上にチョコレートシャンティイを星口金で5g絞る。カットしたシューの上部をかぶせる。
❷ 皿にチョコレートシャンティイを少量ずつ3ヵ所絞り、この上に①のプチシュー3個をそれぞれおく。
❸ チョコレートシートを立て、プチシューの上からチョコレートソースをかける。

| シューのプチデザート |

ブルーベリーとチーズ風味のシュー

黒ごまのシュー

パイナップルソテーのシュー　　　　　　　　　フランボワーズのシュー

ブルーベリーとチーズ風味のシュー
シュー生地の香ばしいチーズがアクセント

材料 10人分
丸形のシュー　10個
(→P78「シュー生地」ただしエダムチーズのすりおろし適量をふって焼く)
ブルーベリーソース
ブルーベリー(冷凍)　100g
グラニュー糖　88g
水飴　38g
水　50g
├ ペクチン　3g
└ グラニュー糖　7.5g
ブルーベリー(生)　150g
カシスリキュール　10g
仕上げ
├ ディプロマットクリーム(→P146)　400g
└ キルシュ　12g
ブルーベリー　約12個／1人分
クレーム・シャンティイ(→P146)　150g
粉糖　適量

ブルーベリーソース
❶ 鍋に凍結したままのブルーベリー、グラニュー糖、水飴、水を合わせて火にかけ、木ベラでつぶしながら沸騰させる。
❷ ペクチンとグラニュー糖を混ぜておき、①に加えて沸騰させる。
❸ ブルーベリーを加えて80℃まで加熱し、カシスリキュールを加える。
仕上げ
❶ ディプロマットクリームとキルシュを混ぜる。
❷ シューを上部⅓でカットし、①を40g絞り入れ、ブルーベリーを並べる。クレーム・シャンティイを丸口金で15g絞り、カットしたシューの上部をのせる。粉糖をふる。
❸ 皿にブルーベリーソースを流し、②のシューを盛りつける。

黒ごまのシュー
黒ごまと黒豆でシックなテイストに

材料 8人分
丸形のシュー　8個
(→P78「シュー生地」ただし黒ゴマ適量をふって焼く)
黒ごまパティシエール
├ 牛乳　200g
└ バニラ棒　⅕本
黒ゴマペースト　60g
├ 卵黄　35g
└ グラニュー糖　50g
薄力粉　18g
黒ごまシャンティイ
クレーム・シャンティイ(→P146)　250g
黒ゴマペースト　40g
仕上げ
├ アングレーズソース(→P138)　適量
└ 黒ゴマペースト　アングレーズソースの20％量
黒豆大納言(かのこ豆)　8個／1人分
粉糖　適量

黒ごまパティシエール
❶ P146「クレーム・パティシエール」と同様につくる。ただし沸かした牛乳は黒ゴマペーストに少しずつ加えて混ぜ、これを卵黄とグラニュー糖をすり混ぜたものと合わせる。
黒ごまシャンティイ
❶ 黒ゴマペーストに8分立てにしたクレーム・シャンティイのうち少量を加えて混ぜてから、残りにもどして混ぜる。
仕上げ
❶ アングレーズソースと黒ゴマペーストを混ぜてソースをつくる。
❷ シューを上部⅓でカットし、黒ごまパティシエールを星口金で40g絞り入れる。黒豆大納言をシュー生地の縁に並べ、黒ごまシャンティイを35g絞る。カットしたシューの上部をかぶせ、粉糖をふる。
❸ 皿に①のソースを流し、②のシューを盛りつける。

パイナップルソテーのシュー

温かいパイナップルのソテーをのせて

材料　7人分
丸形のシュー（→P78「シュー生地」）　7個
パイナップルソテー
パイナップル　150g
グラニュー糖　15g
澄ましバター（→P147）　10g
オレンジジュース　50g
バニラ棒　¼本
仕上げ
ディプロマットクリーム（→P146）　280g
クレーム・シャンティイ（→P146）　70g
粉糖　適量
マンゴーパッションソース（→P138）　適量

パイナップルソテー
❶ パイナップルは1cm角にカットする。
❷ 鍋にグラニュー糖と澄ましバターを入れて中火にかけ、キャラメル状になったら、オレンジジュースとさいたバニラ棒を加える。①のパイナップルを加えてソテーする。
仕上げ
❶ シューを上部⅓でカットし、ディプロマットクリームを40g絞り入れ、クレーム・シャンティイも10g絞る。
❷ 上にパイナップルソテーを盛りつけ、カットしたシューの上部をかぶせる。粉糖をふる。
❸ 皿にマンゴーパッションソースを絞り、②のシューを盛りつける。

フランボワーズのシュー

赤いベリーづくしのシュー

材料　6人分
丸形のシュー（→P78「シュー生地」）　6個
ディプロマットクリーム（→P146）　180g
ベリーコンポート（→P140）　60g
フランボワーズ　7個／1人分
ナパージュ・ヌートル　適量
フランボワーズソース（→P138）　適量

❶ シューを上部⅓でカットし、ディプロマットクリームを15g絞り入れる。ベリーコンポートを入れ、上にもディプロマットクリームを15g絞る。
❷ フランボワーズを並べ、それぞれにナパージュを紙のコルネで絞る。
❸ 皿にフランボワーズソースを絞り、②のシューを盛りつける。

とろけるショコラデザート

コーヒーのフォンダン・ショコラ

抹茶のフォンダン・ショコラ　　　　　　　　パッション・バナナのフォンダン・ショコラ

とろけるショコラデザート
フォンダン・ショコラ

❖ 焼きあげたフォンダン・ショコラの中心をくりぬき、この穴にガナッシュなどのフィリングを入れて提供する。

❖ 通常のフォンダン・ショコラのレシピでは、生地に凍結させたガナッシュなどを入れてから焼成するが、それよりも簡単で失敗もない。

❖ 中に入れるフィリングの制限がないので、よりバリエーション豊富に。

❖ 焼成後に冷凍保存可能。自然解凍してから、電子レンジで加熱して温める。

コーヒーのフォンダン・ショコラ
コーヒーガナッシュが流れでる温製デザート

材料　10人分

フォンダン・ショコラ
ブラックチョコレート（カカオ分61％）　300g
無塩バター　45g
薄力粉　24g
┌ 卵白　255g
└ グラニュー糖　60g
卵黄　60g

アーモンドメレンゲ
┌ アーモンドパウダー　60g
│ 粉糖　60g
└ 牛乳　45g
┌ 卵白　135g
└ グラニュー糖　110g
エスプレッソコーヒー（粉）　適量

コーヒーガナッシュ
生クリーム　70g
エスプレッソコーヒー　35g
ブラックチョコレート（カカオ分61％）　55g
ミルクチョコレート（カカオ分35％）　105g

仕上げ
クレーム・シャンティイ（→P146）　適量
粉糖　適量

フォンダン・ショコラ
❶ 直径7cm×高さ5cmココットの内側に24cm×6cmに切ったシリコンペーパーを回し、底にも敷く。
❷ ボウルに刻んだチョコレートとバターを入れて湯煎にかけて溶かし、35℃に調整する。
❸ ②に薄力粉を加えて混ぜる。
❹ 卵白とグラニュー糖をしっかりと泡立てる。
❺ 卵黄をよく溶きほぐし、④に加えてゴムベラで軽く混ぜる。
❻ ⑤に③を加えてていねいに混ぜる。
❼ ①のココットに絞り入れる。
❽ 天板に並べてココットの高さの1/3までお湯を張り、160℃のオーブンで約20分湯煎焼きする。
❾ 冷ましてから、焼成時の上面から、中心を直径23mm丸型で底を1cmほど残してぬく。

アーモンドメレンゲ
❶ アーモンドパウダーと粉糖、牛乳を混ぜる。
❷ 卵白とグラニュー糖でしっかりとしたメレンゲを泡立てる。
❸ ①と②を混ぜ合わせる。
❹ 口径7mmの丸口金をつけた絞り袋に入れ、ベーキングシート上に直径1.5cmに角をピンと立てて絞る。エスプレッソコーヒーを茶こしで軽くふる。
❺ 90〜100℃のオーブンで約2時間乾燥焼きする。

コーヒーガナッシュ
❶ 生クリームとエスプレッソコーヒーを合わせて沸騰させる。
❷ 刻んだ2種類のチョコレートに①の1/3量を加えて混ぜ、さらに1/3量ずつ加えてそのつどよく混ぜて乳化させる。

仕上げ
❶ フォンダン・ショコラを電子レンジで温めて皿におき、くりぬいた中心に温めたコーヒーガナッシュを絞り入れる。
❷ 上にクレーム・シャンティイを丸口金でこんもりと絞り、アーモンドメレンゲを下に6個、上に4個ずつ貼りつける。粉糖をふる。

抹茶のフォンダン・ショコラ
チョコレートと抹茶の苦みは好相性

材料　10人分
フォンダン・ショコラ
→左ページ「コーヒーのフォンダン・ショコラ」と同様につくる
抹茶ガナッシュ
グラニュー糖　10g
抹茶　6g
生クリーム　105g
ホワイトチョコレート　230g
抹茶シャンティイ
┌抹茶　4g
│グラニュー糖　4g
└お湯　8g
クレーム・シャンティイ（→P146）　250g
仕上げ
抹茶クランブル（→P142）　適量
小豆大納言（かのこ豆）　150g
粉糖　適量

抹茶ガナッシュ
❶ グラニュー糖と抹茶を混ぜ合わせ、生クリームを沸騰させて加えて混ぜる。
❷ 刻んだホワイトチョコレートに①の⅓量を加えて混ぜ、さらに⅓量ずつ加えてそのつどよく混ぜて乳化させる。ホワイトチョコレートは凝固力が弱いので、少しとろみがつく程度のゆるいガナッシュができる。

抹茶シャンティイ
❶ 抹茶とグラニュー糖を混ぜ、お湯を加えてよく練り合わせる。
❷ 8分立てにしたクレーム・シャンティイに①を加えて混ぜる。

仕上げ
❶ フォンダン・ショコラを電子レンジで温めて皿におき、くりぬいた中心に小豆大納言8個を入れ、温めた抹茶ガナッシュを絞り入れる。
❷ 上に抹茶シャンティイを口径10mm星口金でこんもりと絞り、抹茶クランブルをのせる。まわりに小豆大納言を飾り、粉糖をふる。

パッション・バナナのフォンダン・ショコラ
中にはペースト状のバナナソテーとビビッドなソース

材料　10人分
フォンダン・ショコラ
→左ページ「コーヒーのフォンダン・ショコラ」と同様につくる
バナナソテー
バナナ（完熟）　250g
無塩バター　20g
グラニュー糖　25g
ダークラム　20g
仕上げ
マンゴーパッションソース（→P138）　200g
クレーム・シャンティイ（→P146）　150g
チョコレートシート（→P144・丸）　2枚／1人分

バナナソテー
❶ バナナは1cm厚さに小口切りにする。
❷ フライパンにバターを溶かし、グラニュー糖とバナナを入れて木ベラでつぶしながらソテーする。仕上げにダークラムでフランベする。冷ましてから、絞り袋に入れる。

仕上げ
❶ フォンダン・ショコラを電子レンジで温めて皿におき、くりぬいた中心にバナナソテーを絞り入れ、マンゴーパッションソースも入れる。
❷ 上にクレーム・シャンティイを口径12mmの丸口金でこんもりと絞り、チョコレートシートを立てる。

ピスタチオの
蒸し焼きショコラ

オレンジの
蒸し焼きショコラ

とろけるショコラデザート

フランボワーズの蒸し焼きショコラ

とろけるショコラデザート
蒸し焼きショコラ

❖ "生チョコ感覚"のケーキ。粉を配合しないので、チョコレート味は濃厚でもすっと口溶けがよく、お腹にたまらない。

❖ クグロフ型で焼成すると、中央の穴を利用してソースやフィリングを詰めることができ、デザートにアレンジしやすい。

ピスタチオの蒸し焼きショコラ
ショコラとピスタチオアングレーズで濃厚

材料　17人分
蒸し焼きショコラ
- 無塩バター　180g
- ブラックチョコレート（カカオ分70%）　120g
- ミルクチョコレート（カカオ分35%）　100g
- 全卵　300g
- グラニュー糖　120g
- トレハ　60g

*トレハ（→P10）は生地を安定させ、しっとりとさせるために配合する

仕上げ
- チョコレートシート（→P144）　適量
- アングレーズソース（→P138）　250g
- ピスタチオペースト（ロースト）　50g
- ピスタチオナッツ　スライス2枚／1人分

蒸し焼きショコラ
❶ ボウルにバター、刻んだ2種類のチョコレートを入れ、湯煎にかけて溶かす。
❷ 全卵とグラニュー糖、トレハをすり混ぜ、湯煎で約40℃まで温める。裏漉しする。
❸ ①に②を3回に分けて加えて混ぜる。
❹ 直径6.8cm×高さ3.5cmクグロフ型フレキシパンに流し入れる。天板に型を並べて⅓の高さまでお湯を張り、130℃のオーブンで約30分湯煎焼きする。

仕上げ
❶ チョコレートシートは直径5cmと2cmの丸型でぬいてリング形にする。
❷ アングレーズソースとピスタチオペーストを混ぜる。
❸ 蒸し焼きショコラを皿に盛りつけ、中央の穴に②のピスタチオアングレーズを流し入れ、ピスタチオのスライスを浮かべる。①のリング形のチョコレートシートをのせる。

オレンジの蒸し焼きショコラ
クグロフの穴を利用してフィリングを詰める

材料　17人分
蒸し焼きショコラ
→左記「ピスタチオの蒸し焼きショコラ」と同様につくる
仕上げ
- アングレーズソース（→P138）　340g
- オレンジジャム　170g
- オレンジ　4個
- オレンジジャム　170g
- オレンジゼストコンフィ（→P144）　適量

仕上げ
❶ アングレーズソースとオレンジジャムを混ぜる。
❷ オレンジは果肉を4等分にカットする。
❸ 蒸し焼きショコラを皿に盛りつけ、中央の穴にオレンジジャム10gを絞り入れ、①のオレンジアングレーズを流し入れ、②のオレンジ、オレンジゼストコンフィをのせる。

◆オレンジジャムをつくる場合

材料
- オレンジ　700g
- グラニュー糖　390g
- トレハ　165g
- オレンジジュース　280g
- ペクチン（ジャムベース）　12g
- グラニュー糖　15g

❶ オレンジは皮ごと16等分にくし形に切り、横に5mm厚さにスライスする。
❷ ①とグラニュー糖、トレハを混ぜ、冷蔵庫でひと晩おく。
❸ ②にオレンジジュースを加えて火にかけ、沸騰したら火をとめ、フタをして15分おく。
❹ ③をもう一度沸騰させ、アクをとり、火をとめてフタをしてさらに15分おく。オレンジの皮が柔らかくなるまでこれを3〜5回くり返す。
❺ ④を火にかけて55% brix（糖度）まで煮つめる。
❻ ペクチンとグラニュー糖を混ぜ合わせておき、⑤に加えてよく混ぜて溶かして2〜3分煮る。

フランボワーズの蒸し焼きショコラ
チョコレートと酸味のあるフランボワーズは相性抜群

材料　14人分
蒸し焼きショコラ
→左ページ「ピスタチオの蒸し焼きショコラ」と同様につくる。ただし直径7cm×高さ2cmタルトレット型で焼く。中央はくりぬかない
仕上げ
ピンククラクラン（→P143）　適量
粉糖　適量
フランボワーズ　3個／1人分
フランボワーズソース（→P138）　適量

仕上げ
❶ 蒸し焼きショコラの上面にピンククラクランをのせ、粉糖をふり、半分にカットしたフランボワーズを飾る。
❷ 皿にフランボワーズソースを丸く流し、①を盛りつける。

旬のデザート

パヴェ・フロマージュの苺仕立て

苺スープ

ストロベリーキャッスル　　　　　　　　　　　ラブリーストロベリー

旬のデザート

✥ 旬のまさにその時季がおいしいフルーツの代表、苺とリンゴのデザートを紹介。それぞれのフルーツをいろいろな形にアレンジ。

パヴェ・フロマージュの苺仕立て

チーズの風味をきかせた甘じょっぱいデザート

材料
パヴェ・フロマージュ　25人分
無塩バター　200g
パルミジャーノチーズ（すりおろし）　25g
エダムチーズ（すりおろし）　25g
全卵　25g
卵黄　20g
┌ 薄力粉　300g
│ アーモンドパウダー　100g
└ 塩（ゲランド産）　2g
塩、黒コショウ　各少量
クレーム・フロマージュ　18人分
クリームチーズ　400g
サワークリーム　160g
クレーム・パティシエール（→P146）　160g
粗挽き黒コショウ　少々
仕上げ
イチゴ　2個／1人分
イチゴジャム　適量
ライム　適量

パヴェ・フロマージュ
❶ ポマード状にしたバターに2種類のチーズを加えて混ぜる。
❷ 全卵と卵黄を合わせ、①に少しずつ加えて混ぜる。
❸ 粉類と塩も加えて混ぜる。冷蔵庫で1時間やすませる。
❹ 5mm厚さにのし、冷蔵庫で1時間やすませる。
❺ 7cm角にカットする。塩、黒コショウを軽くふり、180℃のオーブンで約20分焼く。
クレーム・フロマージュ
❶ クリームチーズとサワークリーム、クレーム・パティシエールを混ぜ、粗挽き黒コショウを加える。
仕上げ
❶ パヴェ・フロマージュにクレーム・フロマージュを40g絞る。
❷ イチゴを4等分にカットし、①にのせる。イチゴジャムを絞り、ライムの皮をすりおろす。

◆イチゴジャムをつくる場合

材料
イチゴ　250g
グラニュー糖　150g
┌ ペクチン　1g
└ グラニュー糖　5g

❶ イチゴは8等分に切り、グラニュー糖と混ぜて3時間おく。
❷ ①をザルにあけてイチゴとシロップに分ける。
❸ 鍋にシロップのみを入れて加熱し、50% brix（糖度）まで煮つめる。
❹ ②のイチゴを加え、もう一度50% brixまで煮つめる。
❺ ペクチンとグラニュー糖を混ぜて加え、もう一度沸騰させる。

苺スープ

果肉感たっぷりで苺のおいしさストレート

材料　8人分
苺スープ
グラニュー糖　40g
水　90g
イチゴ　280g
レモン汁　20g
アニゼット（リキュール）　30g
仕上げ
イチゴ　適量
バナナ　適量
洋梨　適量
クコの実コンポート（→P143）　7個／1人分
白キクラゲコンポート（→P143）　適量

苺スープ
❶ グラニュー糖と水を沸騰させてシロップをつくり、冷ましておく。
❷ イチゴは5mm角程度の粗めの網で裏漉しする（または細かく刻む）。
❸ ①と②を混ぜ、レモン汁、アニゼットも加える。
仕上げ
❶ イチゴは縦に薄くスライスし、バナナと洋梨は1.5cm角にカットする。
❷ グラスに①のイチゴとバナナ、洋梨を入れ、苺スープを注ぐ。クコの実コンポート、白キクラゲをのせる。

ストロベリーキャッスル
甘くミルキーな中にココマンゴメレンゲの食感と酸味

材料
ココマンゴメレンゲ　25人分
ココナッツメレンゲ　P139の半量
マンゴー顆粒　40g
＊マンゴー顆粒はキユーピータマゴ㈱の製品
仕上げ
イチゴアイスクリーム　適量
クレーム・シャンティイ（→P146）　適量
イチゴ　2½個／1人分
フランボワーズのギモーブ（→P144）　1個／1人分

ココマンゴメレンゲ
❶P139「ココナッツメレンゲ」と同様につくる。ただし、マンゴー顆粒を粉糖、ココナッツファインとともにふるって加える。口径8mmの丸口金で細長く絞って焼成する。
仕上げ
❶皿に直径6cmセルクルをおく。ココマンゴメレンゲを2cm長さほどに折って底に敷きつめる。
❷イチゴアイスクリームをディッシャーでのせる。
❸折ったココマンゴメレンゲをのせ、セルクルをはずす。中央にクレーム・シャンティイを少量絞り、まわりに縦半分にカットしたイチゴを並べる。上にもクレーム・シャンティイを少量絞り、フランボワーズのギモーブをのせる。

ラブリーストロベリー
パイ生地を器がわりにイチゴたっぷり

材料　20人分
パイ生地
パート・フィユテ　P147の基本分量
仕上げ
ディプロマットクリーム（→P146）　620g
イチゴアイスクリーム　適量
イチゴ　約5個／1人分
粉糖　適量
フランボワーズソース（→P138）　適量
アングレーズソース（→P138）　適量

パイ生地
❶パート・フィユテは4mm厚さにのし、冷蔵庫でひと晩やすませる。
❷直径8cm丸型でぬく。さらに直径6cm丸型を生地の半分の厚みまで押しつけて切り込みを入れる。
❸180℃のオーブンで薄いキツネ色になるまで約30分焼き、160℃に下げてさらに15分ほど芯までしっかりと焼く。
❹冷めてから、中を切り込みに沿ってくりぬく。
仕上げ
❶皿にパイ生地をおき、ディプロマットクリームを絞り入れる。
❷上に小さめのディッシャーでイチゴアイスクリームをのせる。
❸イチゴを1cm角にカットし、アイスクリームが見えなくなるように盛りつける。粉糖をふる。
❹パイ生地のまわりにフランボワーズソースを流し、その外側にアングレーズソースを流す。竹串でフランボワーズソースからアングレーズソースに向かって5mm間隔で筋模様を入れる。

◆イチゴアイスクリームをつくる場合

材料　約60人分
水　375g
グラニュー糖　300g
トレハ　120g
ハローデックス　80g
イチゴ　1200g
コンデンスミルク　200g
生クリーム　600g

❶水とグラニュー糖、トレハ、ハローデックスを合わせて沸騰させ、冷ます。
❷イチゴはミキサーにかけてピュレ状にし、裏漉しする。
❸①、②、コンデンスミルク、生クリームを混ぜ合わせ、アイスクリーマーにかける。

旬のデザート

青リンゴのお花畑ムース　　　　リンゴのキャラメリゼのカルバドスムース

焼きリンゴ

リンゴとリコッタのムース

青リンゴのお花畑ムース

紅玉のコンポートと、さわやか青リンゴの組合せ

材料　20人分
リンゴスライスコンポート
　リンゴ（紅玉）　2個
　グラニュー糖　200g
　水　200g
　レモン汁　20g
　リンゴリキュール　40g
青リンゴのムース
　板ゼラチン　12g
　リンゴリキュール　30g
　青リンゴピュレ　300g
　A ┌ グラニュー糖　80g
　　├ 水　25g
　　└ 卵白　45g
　生クリーム　340g
組立て
　┌ グラニュー糖　20g
　├ 水　40g
　└ リンゴリキュール　12g
　ベリーコンポート（→P140）　200g
　ジェノワーズ生地　直径7cm×1cm厚さ20枚
　（→P146・基本分量でつくる）
仕上げ
　┌ アングレーズソース（→P138）　260g
　└ ピスタチオペースト（ロースト）　40g

リンゴスライスコンポート
❶ リンゴは皮をむかずに8等分のくし形に切って芯をとり、横に2mm厚さにスライスする。
❷ グラニュー糖と水、レモン汁、リンゴリキュールを合わせて沸騰させ、①のリンゴを入れてもう一度沸騰させて火をとめる。このまま冷めるまで漬けておく。

青リンゴのムース
❶ もどした板ゼラチンを湯煎にかけて溶かし、リンゴリキュール、青リンゴピュレを順に加えて混ぜる。
❷ Aでイタリアンメレンゲをつくる。グラニュー糖と水を118℃まで加熱する。
❸ ②が沸騰しはじめたら、卵白をホイッパーで中速で泡立てはじめる。ボリュームがでてきたら高速にし、②のシロップをボウルの内側をつたわせて少しずつ加え、さらにしっかりと泡立てる。8分立てになったら、冷めるまで泡立てる。
❹ 生クリームを8分立てに泡立てる。
❺ ④の生クリームに①を加えて混ぜ、③のイタリアンメレンゲも加えて混ぜる。

組立て
❶ グラニュー糖と水を合わせて沸騰させ、リンゴリキュールを加えて火をとめる。冷ます。
❷ ジェノワーズ生地は1cm厚さにスライスし、直径7cm丸型で20枚ぬく。
❸ 直径7cm×高さ2cmタルトレット型フレキシパンにリンゴスライスコンポート5枚をきれいに並べる。
❹ 青リンゴのムースを6分目まで絞り入れ、スプーンで縁ですりあげて中央をくぼませる。
❺ 中央にベリーコンポートを10g入れ、ムースを縁まで絞り入れる。
❻ ②のジェノワーズ生地に①のシロップを打ち、⑤に軽くのせる。冷凍する。

仕上げ
❶ アングレーズソースとピスタチオペーストを混ぜる。
❷ 青リンゴのムースを皿に盛りつけ、まわりにリンゴスライスコンポートをきれいに並べる。ムースの中央、まわりに並べたリンゴスライスコンポートの間に①のピスタチオアングレーズを絞る。

リンゴのキャラメリゼのカルバドスムース

リンゴソテーとカルバドス、キャラメルのハーモニー

材料　12人分
パート・シュクレ
　パート・シュクレ（→P147）　240g
キャラメルクリーム
　グラニュー糖　90g
　生クリーム　75g
　板ゼラチン　2g
リンゴソテー
　リンゴ（紅玉）　4個
　グラニュー糖　60g
　澄ましバター（→P147）　40g
カルバドスムース
　牛乳　125g
　バニラ棒　⅛本
　卵黄　40g
　グラニュー糖　50g
　板ゼラチン　5g
　生クリーム　275g
　カルバドス　30g
組立て
　ラムレーズン（→P147）　48個
　ナパージュ・ヌートル　適量
仕上げ
　┌ セミドライプルーン　1個／1人分
　└ カルバドス　適量
　アングレーズソース（→P138）　適量

パート・シュクレ
❶ パート・シュクレは3mm厚さにのし、直径9cm丸型でぬく。180℃のオーブンで約20分焼く。

キャラメルクリーム
❶ グラニュー糖を中火で加熱してキャラメルをつくり、火をとめて生クリームを少しずつ加える。
❷ ①にもどした板ゼラチンを加えて溶かす。漉す。

リンゴソテー
❶ リンゴは皮をむき、12等分のくし形に切って芯をとる。
❷ フライパンにグラニュー糖と澄ましバターを入れて中火にかけ、細かい泡が全体に広がったら、①のリンゴを加えて柔らかくなるまでソテーする。

カルバドスムース
❶ 牛乳とさいたバニラ棒を沸騰させる。
❷ 卵黄とグラニュー糖をすり混ぜ、①を加えて混ぜる。鍋にもどして中火にかけ、混ぜながらとろみがつくまで加熱する。
❸ もどした板ゼラチンを加えて溶かし、裏漉しする。

❹生クリームを8分立てに泡立てる。
❺③にカルバドス、④の生クリームを順に加えて混ぜる。
組立て
❶直径9cm×高さ1.5cmセルクルを防湿セロハンを敷いたバットに並べる。リンゴソテー4切れとラムレーズン4個を入れる。
❷カルバドスムースを流し入れる。
❸パート・シュクレにキャラメルクリームを10gぬり、この面を下にして②にのせる。冷凍庫で表面をしっかり固める。
❹③の上下を返し、凍結したまま上面にナパージュ・ヌートルをぬり、セルクルをはずす。4等分にカットして冷凍庫に入れる。
❺提供の2～3時間前に冷蔵庫に移して解凍する（長く冷蔵しておくと、パート・シュクレにぬったキャラメルクリームがにじみでてしまうため）。
仕上げ
❶セミドライプルーンは4等分にカットし、カルバドスでマリネする。
❷皿にカルバドスムース2切れを盛りつけ、間に①のプルーンをおく。アングレーズソースをムースの上からたらすようにかける。

焼きリンゴ

リンゴのおいしさをシンプルにストレートに

材料　5人分
リンゴ（紅玉）　5個
- ブラウンシュガー　60g
- シナモンパウダー　1g
- 無塩バター　90g
- ブラウンシュガー　60g
- ラムレーズン（→P147）　30g
- クルミ　30g
リンゴジュース　500g

❶リンゴは皮をむき、底は残して芯をくりぬく。
❷ブラウンシュガーとシナモンパウダーを混ぜる。
❸①のリンゴに②をまぶす。
❹バターをポマード状にし、ブラウンシュガー、ラムレーズン、クルミを混ぜる。
❺④を③のリンゴの芯に詰める。
❻バットにリンゴジュースを入れ、上に網を置く。この上に⑤のリンゴを並べ、140℃のオーブンに入れる。10分おきにバットのリンゴジュースをかけながら、竹串がすっと通るようになるまで約40分焼く。
❼バットに残ったリンゴジュースをとろみがでるまで煮つめる。
❽焼きリンゴを電子レンジで加熱して温め、盛りつける。⑦をかける。

リンゴとリコッタのムース

リンゴのジャムとカリカリチップで

材料　36人分
シナモン・パート・シュクレ
無塩バター　375g　　粉糖　150g
卵黄　150g
- 薄力粉　450g　　アーモンドパウダー　75g
- シナモンパウダー　12g

リコッタムース
リコッタチーズ　750g
サワークリーム　300g
レモンの皮のすりおろし　1½個分
レモン汁　1½個分
リモンチェッロ　60g
クレーム・パティシエール（→P146）　240g
板ゼラチン　15g
- グラニュー糖　150g
A 水　45g
- 卵白　64g
生クリーム（乳脂肪分45%）　225g

仕上げ
リンゴジャム　540g
クレーム・シャンティイ（→P146）　適量
リンゴチップ（→P140）　5枚／1人分
キャラメルソース（→P139）　適量

シナモン・パート・シュクレ
❶P147「パート・シュクレ」①～④と同様につくる。ただし、全卵を卵黄に置き換え、シナモンパウダーは粉類と合わせてふるう。4mm厚さにのし、4cm×9cmにカットする。180℃のオーブンで約30分焼く。
リコッタムース
❶リコッタとサワークリームを混ぜ、レモンの皮のすりおろし、レモン汁、リモンチェッロを加える。
❷クレーム・パティシエールを湯煎にあてて人肌に温め、湯煎で溶かした板ゼラチンを加えて混ぜる。
❸②と①を混ぜ合わせる。
❹Aでイタリアンメレンゲをつくる。グラニュー糖と水を118℃まで加熱する。
❺④が沸騰しはじめたら、卵白をホイッパーで中速で泡立てはじめる。ボリュームがでてきたら高速にし、④をボウルの内側をつたわせて少しずつ加え、さらにしっかりと泡立てる。8分立てになったら、冷めるまで泡立てる。
❻生クリームを8分立てに泡立てる。
❼③に⑥、⑤の順に加えて混ぜる。
❽口径12mmの丸口金をつけた絞り袋に入れ、天板に敷いた防湿セロハンに幅3.5cm、長さ55cmにこんもりと連続して絞る。冷凍庫に5分入れる。
❾⑧の上に幅2.5cmに同様に絞る。冷蔵庫で冷やし固めてから、9cm長さにカットする。
仕上げ
❶シナモン・パート・シュクレにリンゴジャム15gを薄くぬる。
❷①の上にリコッタムースをのせる。
❸クレーム・シャンティイを口径8mmの丸口金で丸く5個絞り、リンゴチップを1枚ずつ立てる。
❹皿にキャラメルソースを絞り、③を盛りつける。

クレープ

ミルクチョコレートとコーヒープリンの
茶巾クレープ

リンゴのロールクレープ

栗のミルクレープ

バナナとパイナップルの
クレープ・シュゼット

クレープ

❖ クレープは包み方のバリエーションで変化をつける。

❖ 季節の素材を組み合わせれば、年間を通してクレープデザートを提供できる。

❖ クレープ生地はまとめて焼き、冷凍庫で保存可能。電子レンジで加熱して解凍できる。

クレープ生地

材料　直径18cm16枚分
全卵　220g
グラニュー糖　68g
薄力粉　120g
溶かし無塩バター　40g
牛乳　240g
サラダオイル　適量

❶ 全卵とグラニュー糖をすり混ぜ、薄力粉を加えて混ぜる。
❷ 溶かしバターを加えて混ぜ、約40℃（人肌より少し熱いくらい）に温めた牛乳も加えて混ぜる。
❸ 直径18cmのクレープパンを熱し、サラダオイルをぬって余計なオイルはキッチンペーパーでふきとる。②の生地を約25cc流して広げる。キツネ色のきれいな焼き色がついたら、ひっくり返して5秒ほど焼く。
❹ バットに乾燥しないように重ねておき、ラップをかけて冷ます。

ミルクチョコレートとコーヒープリンの茶巾クレープ

クレープでプリンを茶巾包みに

材料　16人分
クレープ生地（→上記）　16枚
ミルクチョコレートプリン　24人分
→P58「ミルクチョコレートとコーヒーのプリン」と同様につくる。ただしキャラメルは入れず、プリンカップには無塩バターをぬる
仕上げ
クレーム・シャンティイ（→P146）　200g
チョコレートソース（→P139）　250g
ヘーゼルナッツアイスクリーム　250g
ヘーゼルナッツのキャラメリゼ（→P142）　16個
＊ヘーゼルナッツアイスクリームをつくる場合は→P19「バニラアイス＋ヘーゼルナッツペースト＋ヘーゼルナッツのパータフィロ」ヘーゼルナッツアイスクリーム

仕上げ
❶ クレープ生地の中央にミルクチョコレートプリンをおき、プリンの上にクレーム・シャンティイをこんもりと絞る。
❷ 茶巾包みにし、横に広がらないように直径6cmセルクルに入れて形を整える。このまま冷蔵庫で冷やし固める。
❸ 皿にチョコレートソースを丸く流し、②をセルクルからだして盛りつける。ヘーゼルナッツアイスクリームを小さめのスプーンでクネル形にとってのせ、ヘーゼルナッツのキャラメリゼを飾る。

リンゴのロールクレープ

フルーツのソテーをロール

材料　10人分
クレープ生地（→左記）　10枚
リンゴソテー
リンゴ（紅玉）　520g
無塩バター　60g
グラニュー糖　80g
レーズン　30g
クリーム
クレーム・パティシエール（→P146）　250g
キルシュ　12g
板ゼラチン　2g
生クリーム（乳脂肪分45％）　185g
仕上げ
アングレーズソース（→P138）　適量
アーモンドスライス　適量

リンゴソテー
❶ リンゴは皮をむかずに4等分のくし形に切り、芯をとって横に8mm厚さにスライスする。
❷ 大きめの鍋を火にかけてバターを溶かし、①のリンゴとグラニュー糖を入れてソテーする。汁気がなくなったら、レーズンを加える。
❸ バットに広げて冷まし、キッチンペーパーで汁気を吸いとる。

クリーム
❶ クレーム・パティシエールを湯煎に少しあてて15℃くらいまで温度をもどし、キルシュを加えて混ぜる。
❷ もどした板ゼラチンを湯煎にかけて溶かし、①に加えて混ぜる。
❸ 生クリームをしっかりと泡立て、②に加えて混ぜる。

仕上げ
❶ クレープ生地の上にクリームを絞り、リンゴソテーを並べて巻く。
❷ 半分にカットして盛りつけ、アングレーズソースをかけ、ローストしたアーモンドスライスをふる。

栗のミルクレープ

人気が高いミルクレープを和栗のクリームで

材料　直径18cm1台分
クレープ生地（→左ページ）　8枚
和栗のクリーム
和栗の蒸し栗ペースト　340g
クレーム・パティシエール（→P146）　85g
組立て
クレーム・シャンティイ（→P146）　430g
仕上げ
　［アングレーズソース（→P138）　250g
　［ヘーゼルナッツペースト（ロースト）　50g
栗のシロップ煮　適量

和栗のクリーム
❶ 和栗の蒸し栗ペーストを木ベラで混ぜてなめらかにし、クレーム・パティシエールを加えて混ぜる。
組立て
❶ クレープ生地にクレーム・シャンティイを薄くぬり広げ、和栗のクリームをモンブラン口金でうずまき状に絞る。ただし、縁のほう1cmくらいはあけておく。
❷ クレープ生地をもう1枚重ね、手で押さえて密着させる。
❸ ①、②をくり返して8枚重ねる。中央が盛りあがって自然にドーム形になる。
仕上げ
❶ アングレーズソースとヘーゼルナッツペーストを混ぜる。
❷ 栗のミルクレープをカットし、皿に盛りつける。①のヘーゼルナッツアングレーズをかけ、くだいた栗のシロップ煮を飾る。

バナナとパイナップルのクレープ・シュゼット

クレープデザートの代表をバナナとパイナップルで

材料　10人分
クレープ生地（→左ページ）　20枚
キャラメルオレンジソース
グラニュー糖　250g
無塩バター　160g
オレンジの果汁　400g
レモン汁　20g
アプリコットリキュール　50g
仕上げ
バナナ　5本
パイナップル　300g
アプリコットリキュール　適量

キャラメルオレンジソース
❶ 鍋にグラニュー糖を入れて火にかけ、あまり色をつけずにキャラメルをつくる。バターを加え、オレンジの果汁を少しずつ加え、レモン汁、アプリコットリキュールも加える。
仕上げ
❶ バナナ、パイナップルは1cm角にカットする。
❷ キャラメルオレンジソースで①のバナナ、パイナップルを角がくずれはじめる程度に煮て、アプリコットリキュールを加える。
❸ クレープ生地を4つに折りたたみ、②に入れて3分ほど煮て味を染み込ませる。
❹ 皿に③のクレープを2枚盛りつけ、ソースをかける。

栗のパイ

季節のタルト・パイ

紅玉リンゴのパイ

杏とバナナのクランブルパイ

巨峰のタルト

ブルーベリーのクランブルパイ	 洋梨の薄焼きパイ
 いちじくのパイ	 ネクタリンのタルト

季節のタルト・パイ

✣ 旬のフルーツの味わいをタルトやパイで表現。定番のレシピをもっていると、アレンジがきいて年間のデザートとして提供できる。

✣ 室温でも、温めて提供してもいい。

✣ 「パート・シュクレ」はサックリとした甘みのある練りパイ生地。「パート・ブリゼ」はほろほろともろい歯ざわりのほの甘い練りパイ生地。「パート・フィユテ」は折りパイ生地。

✣ パート・フィユテは冷凍パイ生地を使ってもいい。

✣ クレーム・ダマンドを絞った段階で冷凍保存も可能。冷蔵庫に移して解凍してからフルーツを並べ、焼成する。

栗のパイ

パイ生地で栗を包み込んで

材料　9人分
栗のパイ
パート・フィユテ（→P147）　600g
クレーム・ダマンド（→P146）　240g
栗のシロップ煮　27個
溶き卵　適量
仕上げ
栗のシロップ煮　2個／1人分
アングレーズソース（→P138）　適量

栗のパイ
❶ パート・フィユテは2mm厚さにのし、18cm×36cmに切る。
❷ 横長におき、奥を8cmあけて手前から折りたたむ。
❸ 手前の折り目部分にナイフで3cm長さの切り目を1cm間隔で入れる。手前と奥を入れかえて生地を開く。
❹ 手前側にクレーム・ダマンドの半量を絞り、栗のシロップ煮を2列に並べ、上に残りのクレーム・ダマンドを絞る。
❺ 縁にハケで水を薄くぬり、生地を奥からかぶせてしっかりとくっつける。
❻ 溶き卵をぬり、190℃のオーブンで約45分焼く。
仕上げ
❶ 4cm幅にカットし、皿に盛りつける。栗のシロップ煮を添え、アングレーズソースを流す。

杏とバナナのクランブルパイ

杏とバナナの甘ずっぱい組合せ

材料　1人分
杏とバナナのクランブルパイ
パート・フィユテ（→P147）　40g
アンズのコンポート　2個／1人分
（→P50「レモングラスのゼリー」）
バナナ　1cm厚さ小口切り3枚
クレーム・ダマンド（→P146）　35g
クランブル生地　10g
（→右ページ「ブルーベリーのクランブルパイ」）
仕上げ
アングレーズソース（→P138）　適量

杏とバナナのクランブルパイ
❶ パート・フィユテは2mm厚さにのし、冷蔵庫で最低1時間やすませる。直径12cm丸型でぬく。
❷ アンズコンポートは8等分に切り、バナナは小口切りを4等分にする。
❸ ①にクレーム・ダマンドを薄く絞り、②のアンズコンポートとバナナを押し込む。クランブル生地をのせる。
❹ 190℃のオーブンで約20分焼く。
仕上げ
❶ 皿にアングレーズソースを絞り、パイを盛りつける。

紅玉リンゴのパイ

酸味のある紅玉リンゴをたっぷりのせて

材料　1人分
紅玉リンゴのパイ
パート・フィユテ（→P147）　40g
クレーム・ダマンド（→P146）　35g
リンゴ　4/5個
仕上げ
キャラメルソース（→P139）　適量
バニラアイスクリーム　適量

紅玉リンゴのパイ
❶ パート・フィユテは2mm厚さにのし、冷蔵庫で最低1時間やすませる。直径12cm丸型でぬく。
❷ リンゴは皮をむいて芯をとる。半分にカットし、縦に5mm厚さにスライスする。
❸ ①にクレーム・ダマンドを薄く絞り、②のリンゴを端を重ねながら並べる。190℃のオーブンで約20分焼く。
仕上げ
❶ パイを盛りつけ、キャラメルソースをかけ、バニラアイスクリームをクネル形にとってのせる。

巨峰のタルト

巨峰から果汁があふれてフレッシュ感たっぷり

材料　1人分
パート・シュクレ（→P147）　35g
クレーム・ダマンド（→P146）　40g　　巨峰　3½個

❶ パート・シュクレは2mm厚さにのし、直径12cm丸型でぬく。直径9cm×高さ1.5cmセルクルに縁まで敷き込む。
❷ クレーム・ダマンドを絞り、皮つきのまま半分に切った巨峰を押し込む。180℃のオーブンで約40分焼く。

ブルーベリーのクランブルパイ

ほろほろのクランブルで軽い歯ごたえ

材料　1人分
クランブル生地　15個分
無塩バター　60g　　グラニュー糖　60g　　塩　0.5g
薄力粉　50g　　強力粉　25g
アーモンドダイス　35g　　シナモンパウダー　0.5g
ブルーベリーのクランブルパイ
パート・フィユテ（→P147）　40g
クレーム・ダマンド（→P146）　35g
ブルーベリー　12個
仕上げ
ブルーベリー　6個　　粉糖　適量

クランブル生地
❶ バターをポマード状にし、グラニュー糖と塩を加えて混ぜる。粉類も加え、そぼろ状になるまで混ぜ合わせる。
ブルーベリーのクランブルパイ
❷ パート・フィユテを2mm厚さにのし、冷蔵庫で最低1時間やすませる。直径12cm丸型でぬく。
❸ クレーム・ダマンドを薄く絞り、ブルーベリーを押し込む。クランブル生地15gをのせる。180℃のオーブンで20分焼く。
仕上げ
❶ パイの上にブルーベリーをのせ、粉糖をふる。

いちじくのパイ

いちじくの風味たっぷりでジューシー

材料　1人分
いちじくのパイ
パート・フィユテ（→P147）　40g
クレーム・ダマンド（→P146）　35g
イチジク　1個
仕上げ
アングレーズソース（→P138）　適量
キャラメルソース（→P139）　適量

いちじくのパイ
❶ パート・フィユテを2mm厚さにのし、冷蔵庫で最低1時間やすませる。直径12cm丸型でぬく。
❷ イチジクは皮をむかずに7mm厚さにスライスし、半分に切る。
❸ ①にクレーム・ダマンドを薄く絞り、②を縁に10枚、中央に3枚並べる。180℃のオーブンで約20分焼く。
仕上げ
❶ 皿いっぱいにアングレーズソースを流し、キャラメルソースを絞って皿を傾けながら回してマーブル状にする。パイを盛る。

洋梨の薄焼きパイ

洋梨をのせた部分の層は密に、縁は大きく膨らむ

材料　6人分
洋梨の薄焼きパイ
パート・フィユテ（→P147）　600g
洋梨　2個
クレーム・ダマンド（→P146）　120g
仕上げ
アングレーズソース（→P138）　適量

洋梨の薄焼きパイ
❶ パート・フィユテは2mm厚さにのし、12cm×36cmに切る。
❷ 洋梨の皮をむいて縦半分に切り、縦に4mm厚さに切る。
❸ ①の中央にクレーム・ダマンドを4cm幅に薄く絞り、②の洋梨を端を重ねながら並べる。200℃のオーブンで約40分焼く。
仕上げ
❶ パイを6cm幅に切って盛り、アングレーズソースをかける。

ネクタリンのタルト

ネクタリンの短い旬を味わう

材料　20人分
パート・シュクレ
パート・シュクレ（→P147）　700g　　卵黄　適量
アパレイユ
卵黄　100g　　グラニュー糖　120g
コーンスターチ　24g　　生クリーム　380g
牛乳　100g　　バニラエッセンス　0.5g
ネクタリンのキャラメリゼ
ネクタリン　10個　　澄ましバター（→P147）　50g
グラニュー糖　100g　　レモン汁　2個分
キルシュ　40g
仕上げ
クレーム・シャンティイ（→P146）　適量

パート・シュクレ
❶ パート・シュクレは2mm厚さにのし、直径12cm丸型でぬく。直径9cm×高さ1.5cmセルクルに縁まで敷き込む。
❷ 180℃のオーブンで約30分空焼きし、溶いた卵黄をぬって表面が乾燥するまで焼く。
アパレイユ
❶ 卵黄とグラニュー糖、コーンスターチをすり混ぜ、生クリームと牛乳、バニラエッセンスを加えて混ぜる。
ネクタリンのキャラメリゼ
❶ ネクタリンは皮をむかずに縦半分に切って種をとり、1cm厚さのくし形に切ってから半分にカットする。
❷ フライパンに澄ましバターを溶かし、グラニュー糖を入れてキャラメルをつくる。①のネクタリンを加え、柔らかくなるまで煮る。レモン汁、キルシュを加える。
組立て
❶ パート・シュクレにネクタリンのキャラメリゼを6個並べ、アパレイユを流す。160℃のオーブンで約30分焼く。
仕上げ
❶ タルトにクレーム・シャンティイをクネル形にとってのせる。

パンやイースト生地のアレンジデザート

ダークチェリーのクロワッサンプディング

オレンジクロワッサンプディング

ブリオッシュのバナナトースト

パイナップルのボストック風タルト

バナナソテーのサヴァラン

パンやイースト生地の アレンジデザート

❖ ブリオッシュ、クロワッサンなどのパンを有効利用してデザートにアレンジ。

ダークチェリーのクロワッサンプディング

焼きたての熱々でも、冷めてもおいしい

材料　3人分
アパレイユ
- 牛乳　400g
- 生クリーム　200g
- オレンジの皮　1個分
- バニラ棒　1本

- 全卵　4個
- グラニュー糖　160g

組立て
- クロワッサン　120g
- ダークチェリー（缶詰）　18個

アパレイユ
❶ 牛乳と生クリーム、オレンジの皮、さいたバニラ棒を合わせて沸騰させ、火をとめてフタをして30分おく。
❷ 全卵とグラニュー糖をすり混ぜ、①を加えて混ぜる。漉す。

組立て
❶ 18cm×9cm耐熱皿に無塩バター（分量外）をぬり、ひと口大にカットしたクロワッサンを入れ、アパレイユを流し入れる。上に半分にカットして種をとり除いたダークチェリーを6個分並べる。
❷ 天板に①を並べ、⅓の高さまでお湯を張って150℃のオーブンで40～50分湯煎焼きする。

オレンジクロワッサンプディング

クロワッサンがアパレイユを吸ってふんわり

材料　10人分
アパレイユ
- 牛乳　400g
- 生クリーム　200g
- オレンジの皮　1個分
- バニラ棒　1本

- 全卵　4個
- グラニュー糖　160g

組立て
- クロワッサン　120g
- オレンジピール（5mm角）　50g
- チョコチップ　30g

仕上げ
- オレンジ　3個
- マンゴーパッションソース（→P138）　適量
- クレーム・シャンティイ（→P146）　150g

アパレイユ
❶ 牛乳と生クリーム、オレンジの皮、さいたバニラ棒を合わせて沸騰させ、火をとめてフタをして30分おく。
❷ 全卵とグラニュー糖をすり混ぜ、①を加えて混ぜる。漉す。

組立て
❶ 直径6cm×高さ4cmココットに無塩バター（分量外）をぬり、ひと口大にカットしたクロワッサンを入れ、アパレイユを流し入れる。上にオレンジピール、チョコチップをのせる。
❷ 天板に①を並べ、⅓の高さまでお湯を張って150℃のオーブンで40～50分湯煎焼きする。

仕上げ
❶ オレンジの果肉はひと口大にカットし、マンゴーパッションソースで和える。
❷ オレンジクロワッサンプディングを電子レンジで約20秒加熱して温め、皿に盛りつける。
❸ 上にクレーム・シャンティイをのせ、①のオレンジを添える。

ブリオッシュのバナナトースト
カリカリに焼けたバナナのブリオッシュサンド

材料　14人分
- クレーム・パティシエール（→P146）　400g
- ダークラム　20g
- ブリオッシュ　28枚
（7mm厚さにスライスし、直径7cm丸型でぬく）
- バナナ　3本
- ラムレーズン（→P147）　8個／1人分

❶ クレーム・パティシエールとダークラムを混ぜる。
❷ ブリオッシュに①のクリームを15g絞り、1cm角にカットしたバナナ、ラムレーズンを並べる。上にもクリームを15g絞り、ブリオッシュをもう1枚かぶせる。
❸ 230℃のオーブン（オーブントースターでもいい）でブリオッシュがカリカリになるまでトーストする。
＊ブリオッシュをつくる場合は→P27。

パイナップルのボストック風タルト
ブリオッシュを利用したパン菓子、ボストック風に

材料　6人分
シロップ　約13人分
- 水　250g
- グラニュー糖　100g
- アーモンドパウダー　45g
- ダークラム　10g

組立て
- ブリオッシュ　6枚
（1.5cm厚さにスライスし、直径7cm丸型でぬく）
- クレーム・ダマンド（→P146）　150g
- パイナップル　適量
- アーモンドスライス　適量

仕上げ
- 粉糖　適量

シロップ
❶ ダークラム以外の材料を合わせて沸騰させる。あら熱をとり、ダークラムを加える。

組立て
❶ ブリオッシュにシロップを30gずつかけて染み込ませる。
❷ クレーム・ダマンドを25g絞り、1cm角にカットしたパイナップルを押し込み、アーモンドスライスをふる。
❸ 200℃のオーブンで約15分焼く。

仕上げ
❶ 粉糖をふって盛りつける。
＊ブリオッシュをつくる場合は→P27。

バナナソテーのサヴァラン
ラムがきいたシロップをたっぷりと吸わせて

材料　30人分
サヴァラン生地
- 強力粉　500g
- グラニュー糖　50g
- 塩　6g
- 全卵　330g
- 水　125g
- 生イースト　20g
- 無塩バター　150g

シロップ
- グラニュー糖　750g
- 水　1500g
- オレンジの皮　3個分
- レモンの皮　1½個分

クリーム
- クレーム・パティシエール（→P146）　600g
- ダークラム　30g

仕上げ
- ダークラム　180g
- 澄ましバター（→P147）　5g／1人分
- グラニュー糖　10g／1人分
- バナナ　½本／1人分
- オレンジジュース　20cc／1人分

サヴァラン生地
❶ ミキサーボウルに強力粉、グラニュー糖、塩、全卵、水で溶いた生イーストを入れ、フックで低速で3分、中速にしてさらに10分練る。
❷ ポマード状にしたバターを少しずつ加え、中速でさらに5分練る。
❸ 直径7cm×高さ2.8cmポンポネット型に無塩バター（分量外）をぬり、②を35gずつ絞り入れる。
❹ 約2倍の大きさになるまで発酵を約1時間とる。
❺ 180℃のオーブンで約30分焼く。
❻ 膨らんで型からはみでた部分を切り落とし、平らにする。

シロップ
❶ グラニュー糖と水、オレンジとレモンの皮を合わせて沸騰させ、火をとめてフタをして30分おく。漉す。

クリーム
❶ クレーム・パティシエールとダークラムを混ぜる。

仕上げ
❶ シロップを80℃まで加熱する。
❷ バットにサヴァラン生地を並べ、①のシロップを1個につき40g注いで染み込ませる。
❸ ②にダークラムをハケで打つ。
❹ フライパンに澄ましバターを溶かしてグラニュー糖を加え、キャラメル状にする。1cm厚さに小口切りにしたバナナを加えてソテーする。
❺ ③にクリームを絞り、④のバナナソテーをのせる。
❻ 器にオレンジジュースを流し、⑤のサヴァランをおく。生地がジュースを吸わないうちにすぐに提供する。

オーブンデザート
スフレ

栗のスフレ

ピスタチオのスフレ

チョコレートのスフレ

パンプキンのスフレ

フランボワーズのスフレ

コーヒーのスフレと
アングレーズソース

スフレ

❖ 焼きたて熱々、ふわふわに膨らんだ状態で提供。温製デザートならではの訴求度大。

❖ 生地の中にもガナッシュなどをひそませて、サプライズを演出。

❖ 膨らませるのがむずかしいと思われているが、コツさえ知れば簡単につくれる。

❖ まっすぐに膨らませるためには、ココットの縁にバターを厚めにぬるのがポイント。

❖ ココットにスフレ生地を絞り入れた状態で冷凍保存が可能。冷蔵庫に移して完全に解凍してから焼成する。冷凍保存するためにはメレンゲの冷凍耐性を強くしたほうが失敗が少なくなるので、メレンゲにトレハ（→P10）を配合している（気泡がつぶれにくく安定したメレンゲを泡立てることができる）。トレハを配合すれば、解凍後に半日ほど冷蔵保存しておいてもメレンゲの気泡をキープできる。

スフレ生地

❶ 直径9cm×高さ4.5cmココットの側面に無塩バター（分量外）をぬり、グラニュー糖（分量外）をまぶして余分を落とす。縁はとくにバターを厚くぬる。
❷ クレーム・パティシエールを炊く。牛乳を沸騰させ、マロンピュレに加えてのばす。
❸ 卵黄とグラニュー糖、トレハをよくすり混ぜ、薄力粉、②を順に加えて混ぜる。
❹ 火にかけ、混ぜながらとろみがでるまで炊く。
❺ 20℃くらいまで冷やし、ダークラム、刻んだ栗のシロップ煮を加える。
❻ 卵白にトレハを加えて泡立てはじめ、7分立てになったらグラニュー糖を加えて角が立つまでしっかりと泡立てる。
❼ ⑤を泡立て器でほぐしてなめらかにし、⑥のメレンゲをひとすくい加えてゴムベラで混ぜてのばし、残りのメレンゲも加えて混ぜる。メレンゲの白い色が完全に混ざりきるまでていねいに混ぜる。
❽ ①のココットの半分まで絞り入れ、ガナッシュを入れ、さらに縁まで絞り入れる。刻んだ栗のシロップ煮をちらす。
❾ 190℃のオーブンで8〜10分焼く。
＊ガナッシュのかわりにマロンクリームを絞り入れてもいい。
＊卵黄に加えたトレハは、通常のクレーム・パティシエールよりも甘さを押さえるためと、粘度を増して生地を強くするため。

栗のスフレ

栗のスフレの中でガナッシュがとろり

材料　3人分

ガナッシュ　30人分
　生クリーム　130g
　ミルクチョコレート（カカオ分35%）　168g

スフレ生地
　牛乳　125g
　マロンピュレ　50g
　卵黄　20g
　グラニュー糖　20g
　トレハ　8g
　薄力粉　13g
　ダークラム　7g
　栗のシロップ煮　40g
　卵白　100g
　トレハ　15g
　グラニュー糖　20g
栗のシロップ煮　30g

ガナッシュ
❶ 生クリームを沸騰させる。
❷ 刻んだミルクチョコレートに①の半量を加えて泡立て器でよく混ぜて乳化させ、残りも加えて混ぜる。
❸ バットに1cm厚さに流し、冷蔵庫で冷やし固める。3.5cm角にカットする。

ピスタチオのスフレ

ピスタチオで濃厚な味わいに

材料　3人分

　牛乳　125g
　ピスタチオペースト（ロースト）　30g
　卵黄　20g
　グラニュー糖　25g
　トレハ　15g
　薄力粉　13g
　アマレット　10g
　卵白　100g
　トレハ　15g
　グラニュー糖　20g
ピスタチオのクラクラン（→P143）　適量

❶「栗のスフレ」スフレ生地と同様につくる。ただしマロンピュレをピスタチオペーストに、ダークラムをアマレットに、トッピングの栗のシロップ煮をピスタチオのクラクランに置き換える。生地にガナッシュなどは入れない。

チョコレートのスフレ
カカオ分の高いチョコレートで印象を強く

材料　3人分
牛乳　165g
┌ 卵黄　30g
│ グラニュー糖　16g
│ トレハ　8g
│ 薄力粉　12g
└ ブラックチョコレート（カカオ分70％）　65g
┌ 卵白　100g
│ トレハ　15g
└ グラニュー糖　20g

❶左ページ「栗のスフレ」スフレ生地と同様につくる。ただし牛乳はそのまま沸騰させる。クレーム・パティシエールを炊いたら、刻んだチョコレートに加えて混ぜる。ガナッシュやトッピングはなし。

パンプキンのスフレ
パンプキンにラムがほんのり

材料　3人分
カボチャコンポート　多めにできる
カボチャ　80g
グラニュー糖　40g
水　100g
スフレ生地
┌ 牛乳　85g
│ バニラ棒　1/8本
│ シナモン棒　1/4本
└ パンプキンペースト　60g
┌ 卵黄　20g
│ グラニュー糖　14g
│ トレハ　10g
│ 薄力粉　10g
└ ダークラム　10g
┌ 卵白　100g
│ トレハ　15g
└ グラニュー糖　20g

カボチャコンポート
❶カボチャは皮をむかずに2mm厚さの扇形にスライスする。
❷グラニュー糖と水を合わせて沸騰させ、①のカボチャを入れてもう一度沸騰させる。すぐに氷水にあてて冷やす。
スフレ生地
❶左ページ「栗のスフレ」スフレ生地と同様につくる。ただしマロンピュレをパンプキンペーストに置き換える。カボチャコンポートを3枚のせて焼成する。

フランボワーズのスフレ
甘ずっぱい酸味が印象的

材料　3人分
┌ フランボワーズピュレ　75g
│ グラニュー糖　23g
│ 水　10g
└ コーンスターチ　3g
クレーム・パティシエール（→P146）　75g
┌ 卵白　100g
│ トレハ　15g
└ グラニュー糖　20g
フランボワーズ（冷凍）　適量

❶フランボワーズピュレとグラニュー糖を合わせて沸騰させ、水で溶いたコーンスターチを加えてもう一度沸騰させる。
❷クレーム・パティシエールに①を加えて混ぜる。
❸あとは左ページ「栗のスフレ」スフレ生地⑥以降と同様にし（ガナッシュは入れない）、解凍せずにくだいたフランボワーズをのせて焼く。
＊フランボワーズは酸味が強いので、通常の甘みがあるクレーム・パティシエールでつくっても甘くなりすぎない。

コーヒーのスフレとアングレーズソース
アングレーズを添えたカフェ・ラテ風スフレ

材料　3人分
┌ 牛乳　105g
│ エスプレッソコーヒー　37g
└ バニラ棒　1/4本
┌ 卵黄　25g
│ グラニュー糖　32g
└ 薄力粉　13g
┌ 卵白　100g
│ トレハ　15g
└ グラニュー糖　20g
アングレーズソース（→P138）　適量

❶牛乳とエスプレッソコーヒー、バニラ棒を合わせて沸騰させる。
❷あとは左ページ「栗のスフレ」スフレ生地③以降と同様にする（ただしアルコールやトッピング、ガナッシュはなし）。
❸アングレーズソースをミルクソーサーに入れて添える。

スナックタイム
スコーン・サレ

エダムチーズのスコーン

トマトとバジルのスコーン　　　　　　　　オリーブとローズマリーのスコーン

121

スコーン・サレ

❖ スナック系の塩味バリエーション。
❖ 半分にスライスしてスモークサーモンなどのフィリングをサンドしたり、ディップを添えたりしてランチメニューにするのもおすすめ。アフタヌーンティーセットの一品にも。

エダムチーズのスコーン
エダムチーズの塩気とコクがポイント

材料　20個分
無塩バター　135g
強力粉　600g
ベーキングパウダー　40g
全卵　120g
牛乳　400g
塩　2.5g
エダムチーズのすりおろし　215g
シブレット　5g
エダムチーズのすりおろし　適量

❶ バターを冷蔵庫からだした硬い状態で1cm角にカットする。
❷ ミキサーボウルに粉類、①のバターを入れ、ビーターで中速でサラサラになるまで混ぜる。
❸ 冷蔵庫で30分やすませる。
❹ 全卵と牛乳、塩を混ぜ、冷蔵庫で冷やしておく。
❺ ③を再度ミキサーにセットし、エダムチーズのすりおろし、細かく刻んだシブレットを加えて混ぜ、④を加えて粉がみえなくなるまで混ぜる。
❻ 2cm厚さにのし、冷凍庫で30分やすませる。
❼ 5cm角にカットし、天板に並べる。エダムチーズをふり、210℃のオーブンで約20分焼く。

トマトとバジルのスコーン
粗塩が舌に当たってサレのアクセント

材料　35個分
無塩バター　200g
中力粉　900g
ベーキングパウダー　50g
全卵　150g
トマトジュース　330g
濃縮トマトピュレ　120g
塩　4g
ドライトマト　150g
バジルの葉　16g
粗塩　適量

❶ バターを冷蔵庫からだした硬い状態で1cm角にカットする。
❷ ミキサーボウルに粉類、①のバターを入れ、ビーターで中速でサラサラになるまで混ぜる。
❸ 冷蔵庫で30分やすませる。
❹ 全卵とトマトジュース、濃縮トマトピュレ、塩を混ぜ、冷蔵庫で冷やしておく。
❺ ③を再度ミキサーにセットし、粗く刻んだドライトマト、刻んだバジルを加えて混ぜ、④を加えて粉がみえなくなるまで混ぜる。
❻ 2cm厚さにのし、冷凍庫で30分やすませる。
❼ 6cm×3cmにカットし、天板に並べる。粗塩をふる。
❽ 210℃のオーブンで約20分焼く。

オリーブとローズマリーのスコーン

オリーブの塩気とローズマリーの香り

材料　60個分

無塩バター　160g
┌ 強力粉　900g
│ 全粒粉　200g
└ ベーキングパウダー　50g
┌ 全卵　120g
│ グラニュー糖　60g
│ 牛乳　420g
└ 塩　8g
黒オリーブ　200g
ローズマリー　2g
オリーブオイル　60g

❶ バターを冷蔵庫からだした硬い状態で1cm角にカットする。
❷ ミキサーボウルに粉類、①のバターを入れ、ビーターで中速でサラサラになるまで混ぜる。
❸ 冷蔵庫で30分やすませる。
❹ 全卵とグラニュー糖、牛乳、塩を混ぜ、冷蔵庫で冷やしておく。
❺ ③を再度ミキサーにセットし、種をとった黒オリーブ、刻んだローズマリーを加えて混ぜ、④とオリーブオイルを加えて粉がみえなくなるまで混ぜる。
❻ 生地をまとめ、冷蔵庫で1時間やすませる。
❼ 35gに分割して丸め、天板に並べる。210℃のオーブンで約20分焼く。

ドリンク・バリエーション　コールド＆ホットドリンク

トンカ豆のミルクココア

ホームメイド・ジンジャーエール

パイナップルライムソーダ

ヴァン・ショー

マンゴージンジャーエール

ベリーオランジュ

ホットオレンジハニー

桃のソーダ

コールド＆ホットドリンク

❖ ジャムをベースにしたドリンクや、カフェに欠かせないエスプレッソマシンのミルクスチーマーを利用したホットドリンクのバリエーションなど。

トンカ豆のミルクココア

トンカ豆の香りの熱々ミルクで

材料　1人分
牛乳　250cc　　トンカ豆　1個
ミルクチョコレート（カカオ分35%）　120g
チョコレートシート（→P144・ハート形にぬく）　1枚
＊トンカ豆は桜のような独特の芳香がある

❶ 牛乳にトンカ豆をひと晩漬ける。この牛乳150ccを使う。
❷ カップにミルクチョコレートを入れ、①をミルクスチーマーで加熱して注ぐ。ハート形のチョコレートを浮かべる。

パイナップルライムソーダ

ジャムのベースをソーダで割って

材料　1人分
パイナップルライムジャムのベース　45g
氷　適量　　炭酸水　125cc

❶ グラスにパイナップルライムジャムのベース、氷を入れ、炭酸水を注ぐ。

◆パイナップルライムジャムのベース

材料　約150g分
パイナップルライムジャム　100g
ボーメ27°シロップ　50cc

❶ パイナップルライムジャムを果肉がストローを通る大きさになるまで包丁で叩く。シロップと混ぜる。
＊ほかのジャムでもアレンジ自在。

◆ボーメ27°シロップ

材料　約450cc分
グラニュー糖　300g　　水　300cc

❶ グラニュー糖と水を沸騰させて溶かし、冷ます。

ホームメイド・ジンジャーエール

ショウガとシナモン、クローブでピリッと刺激的

材料　1人分
氷　適量　　ジンジャーエールシロップ　40cc
炭酸水　125cc　　レモンスライス　1枚

❶ グラスに氷、ジンジャーエールシロップを入れ、炭酸水を注ぐ。レモンスライスを浮かべる。

◆ジンジャーエールシロップ

材料　200〜220cc分
ショウガ　100g　　シナモン棒　3cm長さ
グラニュー糖　200g　　クローブ　3個
水　200cc

❶ ショウガは繊維に沿って2mm厚さにスライスする。シナモン棒は細かく砕く。
❷ 鍋に材料すべてを入れて弱火にかけ、沸きはじめたら中央にポコポコと泡が浮きあがるくらいの弱火にして約20分煮つめる。漉す。
＊密閉容器に入れて冷蔵保存する。

ヴァン・ショー

フルーティ、スパイシーなホット赤ワイン

材料　4人分
赤ワイン（甘口）　500cc　　オレンジ　½個
レモン　½個　　シナモン棒　6cm長さ
クローブ　4個　　グラニュー糖　80g

❶ オレンジは1cm厚さにスライスし、4等分にカットする。レモンも同様にスライスし、半分にカットする。シナモン棒は細かくくだき、クローブとともにティー用の紙パックに入れる。
❷ 鍋に赤ワイン、①、グラニュー糖を入れて火にかけ、沸騰直前で火をとめる。このままひと晩漬けて香りを移す。
❸ 提供時に熱々に温める。
＊漬けて1日たつとフルーツの香りがよく、フルーティな味わいに。2日めまで漬けると、より濃厚な味わいになる。

マンゴージンジャーエール
マンゴーのトロピカルジンジャーエール

材料　1人分
マンゴーミントシロップ　50cc
ジンジャーエールシロップ（→左ページ）　6cc
氷　適量　　炭酸水　100cc

❶ グラスにマンゴーミントシロップ、ジンジャーエールシロップ、氷を入れ、炭酸水を注ぐ。

◆マンゴーミントシロップ

材料　100cc分
マンゴーソース　50cc
（→P130「マンゴーヨーグルト」）
ミントシロップ　50cc

❶ マンゴーソースとミントシロップを混ぜる。
＊密閉容器に入れて冷蔵保存する。

◆ミントシロップ

材料　約150cc分
グラニュー糖　50g　　水　100g
ミントの葉（柔らかい葉のみ）　4g

❶ グラニュー糖と水を合わせて沸騰させ、火をとめてミントの葉を入れる。フタをして3分半蒸らす。漉し、冷ます。
＊密閉容器に入れて冷蔵保存する。

ホットオレンジハニー
湯気とともにオレンジの香りが立ちのぼる

材料　1人分
オレンジジュース　150cc
フランボワーズのハチミツ　ティースプーン2
シナモンパウダー　適量

❶ オレンジジュースとハチミツを合わせ、ミルクスチーマーで熱々に加熱する。
❷ カップに注ぎ、シナモンパウダーをふる。

ベリーオランジュ
3種のベリーとオレンジで濃密なテイスト

材料　1人分
ベリーソース　45g　　オレンジジュース　120cc
氷　適量　　フランボワーズ、ブルーベリー　各適量

❶ ベリーソースとオレンジジュースを混ぜる。
❷ グラスに氷を入れ、①を注ぐ。フランボワーズとブルーベリーを浮かべる。

◆ベリーソース

材料　約890g分
フランボワーズ（冷凍）　200g
ブルーベリー（冷凍）　67g
グロゼイユ（冷凍）　33g
グラニュー糖　66g　　水　83g
クローブ　0.65g　　スターアニス　0.65g
ボーメ27°シロップ（→左ページ）　440g

❶ 3種のベリーは解凍する。グラニュー糖、水、クローブ、スターアニスとともに鍋に入れ、沸騰させる。火をとめ、フタをして10分漬けてあら熱をとる。
❷ ミキサーにかけて裏漉しし、シロップと混ぜる。
＊冷凍で保存可能。
＊オレンジジュース以外にもソーダ割りや、甘い香りのティーなどとも相性がいいので、アレンジがきくドリンクベース。

桃のソーダ
フルーツコンポートでシロップをつくってベースに

材料　1人分
桃のシロップ　100cc
氷　適量　　炭酸水　70cc

❶ グラスに桃のシロップ、氷を入れ、炭酸水を注ぐ。

◆桃のシロップ

材料　約200cc分
桃のコンポート　100g
コンポートのシロップ　100g

❶ 桃のコンポートとシロップをミキサーにかける。裏漉しする。
＊密閉容器に入れて冷蔵保存する。
＊市販のフルーツコンポートをベースにして、いろいろなフルーツでアレンジOK。

コールド&ホットドリンク

マンゴーヨーグルト

リンゴソーダ

トフィーミルク

抹茶ミルク

レモングラスソーダ	桃のシャンパン
マロンシェイク	パンプキンミルク

マンゴーヨーグルト

マンゴーとヨーグルトの甘ずっぱいさわやかドリンク

材料　1人分
マンゴーソース　30cc
ヨーグルト　70cc
牛乳　70cc
氷　3個
マンゴーソース　適量

❶ マンゴーソースとヨーグルトをよく混ぜ合わせ、牛乳も加えて混ぜる。
❷ シェイカーに①と氷を入れ、シェイクする。冷たく冷えればOK。
❸ グラスに注ぎ、マンゴーソースで模様を描く。

◆マンゴーソース

材料　約130cc分
マンゴーピュレ　100g
ボーメ27°シロップ（→P126）　75g

❶ マンゴーピュレをミキサーにかける。裏漉しし、シロップと混ぜる。
＊密閉容器に入れて冷蔵保存する。

トフィーミルク

自家製トフィークリームに熱々ミルク

材料　1人分
トフィークリーム　15g
牛乳　160cc
トフィークリーム　適量

❶ カップにトフィークリームを入れる。
❷ 牛乳をミルクスチーマーで熱々に加熱し、①に注ぐ。トフィークリームで模様を描く。
＊市販のミルクジャムなどでもOK。

◆トフィークリーム

材料　約2200g分
グラニュー糖　135g
生クリーム　90g
コンデンスミルク　2000g

❶ グラニュー糖を加熱してキャラメルをつくり、火をとめて生クリームを3回に分けて加えながら混ぜる。
❷ コンデンスミルクに①を加えて混ぜ、裏漉しする。
❸ 密閉ビンに注ぎ入れてフタをしっかりと閉める。100℃のスチームコンベクションオーブンで1時間半加熱する。

リンゴソーダ

リンゴの季節におすすめのソーダドリンク

材料　1人分
リンゴソース　40g
レモン汁　4g
氷　適量
炭酸水　70cc
リンゴのスライス　1枚

❶ グラスにリンゴソース、レモン汁、氷を入れ、炭酸水を注ぐ。薄くくし形に切ったリンゴをグラスに飾る。

◆リンゴソース

材料　約380g分
リンゴ（サンつがる）　170g
グラニュー糖　100g
水　100cc
レモン汁　15g
レモンスライス　1枚
シナモン棒　3cm長さ

❶ リンゴは皮をむかずに8等分のくし形に切り、芯をとる。2mm厚さにスライスする。
❷ 鍋にシナモン棒以外の材料を入れて中火にかけ、沸騰したら弱火にして30分煮る。途中アクがでたらとる。柔らかくなって皮の赤い色がシロップに移ったら、シナモン棒を加えてさらに30分煮る。
❸ あら熱をとり、ミキサーにかけ、裏漉しする。
＊甘みがしっかりとしたサンつがるでつくる。
＊密閉容器に入れて冷蔵保存する。

抹茶ミルク

ミルクスチーマーで和テイストのホットミルク

材料　1人分
抹茶ペースト　5g
抹茶ソース（→P75「抹茶のレミントン」）　35g
牛乳　140cc
抹茶　適量

❶ 抹茶ペーストと抹茶ソース、牛乳を混ぜ、ミルクスチーマーで熱々に加熱する。カップに注ぎ、抹茶をふる。

◆抹茶ペースト

材料　約40g分
抹茶　10g
グラニュー糖　10g
お湯　20g

❶ 抹茶とグラニュー糖をよく混ぜ、お湯を加えてよく練り混ぜる。

レモングラスソーダ
清涼感あふれるフレッシュソーダ

材料　1人分
レモングラスシロップ　20cc
氷　適量
炭酸水　90cc
レモングラス　1枚

❶ グラスにレモングラスシロップを入れ、炭酸水を注ぐ。レモングラスを添える。

◆レモングラスシロップ

材料　約500cc分
グラニュー糖　200g
水　400g
レモングラス　60g
オレンジの皮　¼個分

❶ 材料すべてを合わせて沸騰させ、弱火にして20分煮る。
❷ 漉す。
＊密閉容器に入れて冷蔵保存する。

マロンシェイク
コクがあってまろやかな濃厚シェイク

材料　1人分
マロンソース　100g
牛乳　50cc
生クリーム　20g
氷　適量
生クリーム　適量

❶ シェイカーにマロンソース、牛乳、生クリーム、氷を入れてシェイクする。冷たく冷えればOK。
❷ グラスに注ぎ、ごくゆるく泡立てた生クリームを上に流す。

◆マロンソース

材料　約110g分
マロンピュレ　50g
牛乳　50g
ダークラム　ティースプーン2

❶ 材料すべてを混ぜる。

桃のシャンパン
桃のアイスキューブにシャンパンを注いで

材料　1人分
桃ソース　280g（ハート形アイスキューブ5個分）
シャンパン　90cc

❶ 桃ソースをハート形の製氷皿に入れて凍結させる。
❷ グラスに①の桃のアイスキューブを入れる。
❸ テーブルでシャンパンを注いで提供する。

◆桃ソース

材料　約600g分
桃のコンポートのシロップ　500g
ボーメ27°シロップ（→P126）　75g
桃の濃縮果汁　25g
レモン汁　15g

❶ 材料すべてをよく混ぜる。

パンプキンミルク
心なごむ味わいのホットミルク

材料　1人分
パンプキンソース　50g
牛乳　135cc
シナモンパウダー　適量
カボチャコンポート　1枚
（→P119「パンプキンのスフレ」カボチャコンポート）

❶ カップにパンプキンソースを入れる。
❷ 牛乳をミルクスチーマーで熱々に加熱し、①に注ぐ。
❸ シナモンパウダーをふり、カボチャコンポートを浮かべる。

◆パンプキンソース

材料　約135g分
パンプキンペースト　75g
ボーメ27°シロップ（→P126）　63g
バニラエッセンス　適量

❶ パンプキンペーストとシロップを混ぜ、中火にかける。沸騰し、色が濃くなってくるまで加熱する。
❷ ミキサーにかけ、裏漉しする。バニラエッセンスを加える。
＊バニラの香りが飛びやすいので、長期保存する場合は冷凍庫で。

ひと口のハピネス
プティフール

蒸し焼きショコラ

栗のマカロナードタルト

チョコモカタルト

フランボワーズの
マカロナードタルト

月餅

くるみクッキー

黒豆フィナンシェ	 フランボワーズのマカロン	 チョコオレンジ
 サブレ・ブルトン	 パッションフルーツのマカロン	 チーズパイ

プティフール

❖ レストランでは食後のデザートのあと、コーヒーやティーとともにつまむ小菓子。カフェでもドリンクに1個添えたり、アフタヌーンティーセットの一品にしたりするなど活用度大。

蒸し焼きショコラ
生チョコのようにとろりと溶けるプチショコラ

材料　96個分
フランボワーズペパン
フランボワーズ（冷凍）　200g
グラニュー糖　75g
トレハ　140g
ハローデックス　40g
┌ ペクチン　13g
└ グラニュー糖　10g
＊トレハとハローデックスを配合すると、低甘味でフレッシュ感をだせる（→P10、P22）
ショコラ生地
┌ 無塩バター　180g
│ ブラックチョコレート（カカオ分70％）　120g
└ ミルクチョコレート（カカオ分35％）　100g
┌ 全卵　300g
│ グラニュー糖　120g
└ トレハ　60g

フランボワーズペパン
❶ 凍ったままのフランボワーズとグラニュー糖、トレハ、ハローデックスを合わせて沸騰させる。
❷ ペクチンとグラニュー糖を混ぜ合わせて加え、泡立て器でよく混ぜて溶かして3分ほど沸騰させる。
ショコラ生地
❶ 直径3.5cm×高さ2cmボンボネット型フレキシパンに熱いフランボワーズペパンを絞り入れ、冷ます。
❷ P94「ピスタチオの蒸し焼きショコラ」蒸し焼きショコラ①〜③と同様にする。
❸ ①に②を流し入れる。天板に並べ、型の⅓の高さまでお湯を張り、130℃のオーブンで約25分湯煎焼きする。
❹ 冷凍庫に入れて凍結させて型からぬく。自然解凍する。

栗のマカロナードタルト
ねっちりとしたマカロナード生地のプチタルト

材料　30個分
パート・ブリゼ
パート・ブリゼ（→P147）　230g
マカロナード生地
ローマジパン　250g
アプリコットジャム　13g
卵白　55g
栗のクリーム
クレーム・パティシエール（→P146）　85g
和栗の蒸し栗ペースト　340g
仕上げ
生クリーム　200g
栗のシロップ煮　7½個

パート・ブリゼ
❶ パート・ブリゼは2mm厚さにのし、直径3cm丸型でぬく。
マカロナード生地
❶ ローマジパンとアプリコットジャムを混ぜ、卵白を少しずつ加えながら混ぜる。
❷ 口径10mmの丸口金でパート・ブリゼにリング状に絞る。
❸ 上火180℃／下火200℃のオーブンで約30分焼く。
栗のクリーム
❶ クレーム・パティシエールと蒸し栗ペーストを混ぜる。
仕上げ
❶ 生クリームを8分立てに泡立てる。
❷ マカロナードタルトの中央に①を絞り、上から栗のクリームを口径5mmの丸口金で絞る。4等分にカットした栗のシロップ煮を飾る。

チョコモカタルト
2種類のガナッシュのとろけるタルト

材料　50個分
チョコレートのパート・シュクレ
無塩バター　125g
グラニュー糖　100g
薄力粉　150g
ココアパウダー　50g
チョコレートガナッシュ
生クリーム　285g
ブラックチョコレート（カカオ分55％）　390g
ミルクチョコレートガナッシュ
生クリーム　185g
エキストラカフェ（→P147 またはトラブリ）　22g
ミルクチョコレート（カカオ分35％）　280g
仕上げ
チョコレートシート（→P144）　チョコレート100g分

チョコレートのパート・シュクレ
❶ ミキサーボウルに室温にもどして硬めのポマード状にしたバターとグラニュー糖を入れ、ビーターで中低速で混ぜる。
❷ 粉類を加えてさらに混ぜる。全体が混ざって粗い状態にまとまればいいので、混ぜすぎないように。
❸ ラップで包み、冷蔵庫で最低1時間やすませる。
❹ 3.5mm厚さにのし、30cm×20cmカードルの底に敷き込む。180℃のオーブンで約30分空焼きする。

チョコレートガナッシュ
❶ 生クリームを沸騰させ、刻んだチョコレートに半量を加えてよく混ぜて乳化させ、残りも加えて混ぜる。
❷ 人肌まで冷ましてから、チョコレートのパート・シュクレの上に流す。冷蔵庫で冷やし固める。

ミルクチョコレートガナッシュ
❶ 生クリームとエキストラカフェを合わせて沸騰させ、刻んだチョコレートに半量を加えてよく混ぜて乳化させ、残りも加えて混ぜる。
❷ 人肌まで冷ましてから、チョコレートガナッシュの上に流す。冷蔵庫でひと晩冷やし固める。
❸ 3cm×4cmにカットする。

仕上げ
❶ チョコレートシートを3cm×4cmにカットする。
❷ ①をタルトの上にのせる。

フランボワーズのマカロナードタルト
マカロナードタルトのフランボワーズバージョン

材料　30個分
パート・ブリゼ
パート・ブリゼ（→P147）　230g
マカロナード生地
ローマジパン　250g
アプリコットジャム　13g
卵白　55g
クリーム
クレーム・パティシエール（→P146）　180g
キルシュ　10g
生クリーム（乳脂肪分45％）　140g
仕上げ
フランボワーズ　90個
粉糖　適量
ピスタチオのスライス　30枚

パート・ブリゼ
❶ 左ページ「栗のマカロナードタルト」と同様にする。
マカロナード生地
❶「栗のマカロナードタルト」と同様にする。
クリーム
❶ クレーム・パティシエールとキルシュを混ぜる。
❷ 生クリームをしっかりと泡立て、①に加えて混ぜる。
仕上げ
❶ マカロナードタルトの上にクリームを山高に絞り、フランボワーズを3個並べる。粉糖をふり、ピスタチオのスライスを1枚飾る。

月餅

ナッツとドライフルーツたっぷりのアジアンケーキ

材料　30個分

A ┌ グラニュー糖　20g＋150g
　├ 水　250g
　├ レモン　1/8個
　└ 梅干し　1/2個
薄力粉　330g
サラダオイル　36g
ゴマ油　36g
B ┌ ローマジパン　270g
　├ レーズン　360g
　├ ドライクランベリー　360g
　└ ドライブルーベリー　360g
C ┌ 卵黄　適量
　└ グラニュー糖　卵黄の20％量

❶ Aでシロップをつくる。グラニュー糖20gをキャラメル状になるまで加熱し、水を加えて加熱をとめ、グラニュー糖150g、輪切りにしたレモン、梅干しを入れる。さらにシロップのみで215gになるまで煮つめる。冷ましておく。
❷ 薄力粉に①のシロップ、サラダオイル、ゴマ油を加えてよく練る。冷蔵庫で1～2時間やすませる。
❸ Bのフィリングの材料を混ぜ合わせる。
❹ ②の生地を16gに分割し、丸く薄くのばし、③のフィリングを50gずつ包む。
❺ 直径7cm×高さ5cmココットに入れ、上から押さえて平らに成形する。
❻ Cの卵黄とグラニュー糖を混ぜ、⑤にぬる。170℃のオーブンで約12分焼く。

くるみクッキー

サクサク、ほろほろのひと口クッキー

材料　70個分

無塩バター　225g
粉糖　70g
塩　2g
┌ 薄力粉　150g
└ 強力粉　150g
クルミ　100g
粉糖　適量

❶ バターをポマード状にし、粉糖、塩を混ぜる。粉類を加えて混ぜ、ローストして刻んだクルミも加える。冷蔵庫で30分やすませる。
❷ 10gずつ丸めて天板に並べる。180℃のオーブンで約25分焼く。
❸ 少し温かい状態まで冷めたら、粉糖をまぶす。
❹ 完全に冷めてから、もう一度粉糖をまぶす。

黒豆フィナンシェ

定番プティフールに和素材の黒豆でワンポイント

材料　40個分

発酵バター　190g
卵白　155g
粉糖　145g
バニラエッセンス　1g
┌ アーモンドパウダー　48g
├ ヘーゼルナッツパウダー　24g
├ 強力粉　30g
└ 薄力粉　25g
黒豆大納言（かのこ豆）　40個

❶ 発酵バターは淡い茶褐色になるまで加熱し、漉す。
❷ 卵白に粉糖とバニラエッセンスを加えて混ぜ、粉類を加えて混ぜ、①も加えて混ぜる。
❸ 直径3.5cm×高さ2cmポンポネット型フレキシパンに黒豆を1個ずつ入れ、②を絞り入れる。
❹ 220℃のオーブンで約10分焼く。

フランボワーズのマカロン

酸味がきいたフランボワーズのマカロン

材料　40個分

マカロン生地
┌ 粉糖　130g＋60g
└ アーモンドパウダー　130g
┌ 卵白　90g
├ 乾燥卵白　2g
├ グラニュー糖　36g
└ 赤色の食用色素　少々
＊乾燥卵白はメレンゲの状態をしっかりさせるために配合する
フランボワーズバタークリーム
無塩バター　100g
フランボワーズペパン　100g
（→P134「蒸し焼きショコラ」　ただしペクチンを10gにする）
キルシュ　8g

マカロン生地
❶ 粉糖130gとアーモンドパウダーをフードプロセッサーにかけ、混ざったら、粉糖60gも加える。
❷ 卵白と乾燥卵白、グラニュー糖のうち少量を泡立て、残りのグラニュー糖も加えてさらにしっかりと角が立つまで泡立てる。赤の食用色素で色をつける。
❸ ②に①を加えながら木ベラで混ぜる。全体が混ざったら、さらにカードで生地をすくっては上に折り重ねるようにして気泡を適度につぶし、とろりとたれるくらいの硬さになるまで混ぜる。135cc容量カップに入れてすりきって計量し、125gになるのが目安。
❹ 直径3cmに絞る。天板を軽く叩きつけて平らにする。
❺ 150℃のオーブンで約16分焼く。
フランワーズバタークリーム
❶ バターをポマード状にし、フランボワーズペパン、キルシュを加えて混ぜる。

仕上げ
❶ マカロンにフランボワーズバタークリームを5g絞り、マカロンもう1枚でサンドする。

チョコオレンジ
オレンジとチョコレートの相性は抜群

材料　40枚分
オレンジのスライスのコンフィ　10枚
ブラックチョコレート（カカオ分55％）　100g

❶ オレンジのスライスのコンフィを4等分にカットする。
❷ チョコレートをテンパリングし（→P145）、①の果肉の一部を浸して固める。

サブレ・ブルトン
おなじみのほんのり塩味のサブレ

材料　50枚分
無塩バター　350g
粉糖　210g
塩　3.5g
卵黄　85g
ダークラム　35g
薄力粉　350g
卵黄　適量

❶ バターをポマード状にし、粉糖、塩を加えて混ぜ、卵黄を少しずつ加えて混ぜる。ダークラムを加え、薄力粉も加えて混ぜる。冷蔵庫で1時間やすませる。
❷ 6mm厚さにのし、直径3.5cm丸型でぬく。
❸ 溶いた卵黄をぬり、フォークで筋模様をつける。
❹ 180℃のオーブンで約25分焼く。

パッションフルーツのマカロン
キレのいい酸味のパッションフルーツのマカロン

材料　40個分
マカロン生地
→左ページ「フランボワーズのマカロン」と同様につくる
ただし黄色の食用色素を使う
パッションクリーム
パッションフルーツピュレ　200g
全卵　75g
卵黄　60g
グラニュー糖　80g
プードル・ア・クレーム　12.5g
無塩バター　75g
＊プードル・ア・クレームはクレーム・パティシエール用のパウダー製品で、ミルキーな味わいが増す。使わない場合は同量の薄力粉で代用する

パッションクリーム
❶ パッションフルーツピュレを沸騰させる。
❷ 全卵と卵黄、グラニュー糖をすり混ぜ、プードル・ア・クレームも加えて混ぜる。
❸ ②に①を加えて混ぜ、鍋にもどして沸騰させる。
❹ 裏漉しし、40℃まで冷めたら、バターを加えて混ぜる。
仕上げ
❶ マカロンにパッションクリームを5g絞り、マカロンもう1枚でサンドする。

チーズパイ
コショウを軽くきかせたエダムチーズのパイ

材料　30本分
パート・フィユテ（→P147）　12cm×15cm1枚
エダムチーズのすりおろし　20g
黒コショウ　適量

❶ パート・フィユテを2mm厚さにのし、霧吹きで水を軽く吹く。エダムチーズのすりおろしをふり、黒コショウを軽くふる。裏返し、同様にする。
❷ 12cm長さ×幅5mmにカットし、1本ずつねじって天板に並べる。冷蔵庫で1時間やすませる。
❸ 180℃のオーブンで約15分焼く。

デコレーションのパーツ

ソース、コンポート、ナッツ、
フルーツetc.

アングレーズソース

材料　約1400g分
- 牛乳　600g
- 生クリーム　400g
- バニラ棒　1本
- 卵黄　280g
- グラニュー糖　125g

❶ 牛乳と生クリーム、さいたバニラ棒を合わせて沸騰させる。
❷ 卵黄とグラニュー糖をすり混ぜ、①を加えて混ぜ、鍋にもどす。中火にかけ、とろみがでて83℃になるまで泡立て器で混ぜながら加熱する。
❸ 裏漉しし、冷やす。
＊ソースディスペンサー（ボトル）に入れておく。

フランボワーズソース

材料　約650g分
- コーンスターチ　12g
- 水　200g
- フランボワーズピュレ　300g
- グラニュー糖　125g
- キルシュ　20g

❶ コーンスターチに水のうち少量を加えて混ぜる。
❷ フランボワーズピュレと残りの水、グラニュー糖を合わせて沸騰させる。①を加えて泡立て器で混ぜながらもう一度沸騰させ、キルシュを加える。
❸ 裏漉しし、冷やす。
＊ソースディスペンサーに入れておく。

マンゴーパッションソース

材料　約180g分
- グラニュー糖　25g
- 水　25g
- マンゴーピュレ　100g
- パッションフルーツピュレ　30g

❶ グラニュー糖と水を沸かして冷まし、シロップをつくる。
❷ ①とマンゴー、パッションフルーツのピュレを混ぜる。
＊ソースディスペンサーに入れておく。

キャラメルソース

材料　約400g分
グラニュー糖　200g
生クリーム　200g
ダークラム　8g

❶ 鍋を強火にかけて熱し、グラニュー糖適量を一面に入れて木ベラで混ぜ、溶けたらさらに少量を加えては溶かしていく。
❷ グラニュー糖がすべて溶けたら中火にしてじっくり加熱し、泡が全面にブクブクと立ったら、火をとめる。
❸ すぐに混ぜながら生クリームを加え、ダークラムも加える。冷ます。
＊ソースディスペンサーに入れておく。

抹茶ホワイトチョコソース

材料　できあがり約400g分
抹茶　6g
グラニュー糖　6g
生クリーム　200g
ホワイトチョコレート　200g

❶ 抹茶とグラニュー糖を泡立て器で混ぜる。
❷ 生クリームを沸騰させ、①に少しずつ加えながら混ぜる。
❸ 刻んだホワイトチョコレートに②の半量を加えて混ぜ、残りも加えて混ぜる。裏漉しする。
＊ソースディスペンサーに入れておく。

チョコレートソース

材料　できあがり約640g分
生クリーム　165g
水　165g
ココアパウダー　40g
グラニュー糖　90g
ブラックチョコレート（カカオ分55％）　180g

❶ 生クリームと水を合わせて沸騰させる。
❷ ココアパウダーとグラニュー糖を泡立て器でよく混ぜ合わせ、①を少しずつ加えてよく混ぜる。
❸ 刻んだチョコレートに②の⅓量を加えてよく混ぜ、残りも数回に分けて加えて混ぜる。
＊ソースディスペンサーに入れておく。

ココナッツメレンゲ

材料　多めにできる
卵白　250g
グラニュー糖　300g
粉糖　125g
ココナッツファイン　125g

❶ 卵白とグラニュー糖を混ぜ、湯煎にあてて50℃に温めてから、9分立てに泡立てる。
❷ 粉糖とココナッツファインを粗めの網でふるう。
❸ ②を①に少しずつ加えてゴムベラで混ぜる。
❹ 用途に応じて丸口金で絞る。90〜100℃のオーブンで約3時間乾燥焼きする。
＊乾燥剤を入れた密閉容器で保存する。

ベリーコンポート

材料　約900g分
マンゴーピュレ　75g
パッションフルーツピュレ　50g
グラニュー糖　50g　　水　125g
スターアニス　½個　　クローブ　1個
バニラ棒　1本　　コーンスターチ　8g
フランボワーズ（冷凍）　450g
ブルーベリー（冷凍）　150g

❶ マンゴーとパッションフルーツのピュレ、グラニュー糖、水、スターアニス、クローブ、さいたバニラ棒を合わせて沸騰させ、火をとめてフタをして30分おく。
❷ 漉し、もう一度沸騰させ、水適量（分量外）で溶いたコーンスターチを加えて再度沸騰させる。
❸ フランボワーズとブルーベリーを解凍せずに②に入れて混ぜ合わせる。冷やす。

苺チップ

材料
イチゴ　適量　　トレハ　80g　　水　120g
＊トレハを配合するとフルーツの色や味がよくでて、湿気にくい。

❶ イチゴは縦に厚さ1〜2mmにごく薄くスライスする。
❷ トレハと水を混ぜて溶かす。
❸ ②に①のイチゴを入れて火にかけ、鍋を回しながら70℃まで加熱する。すぐに鍋を氷水につけて冷ます。
❹ イチゴをとりだしてベーキングシートに並べ、余分なシロップはふきとる。
❺ 80℃のオーブンで3〜5時間かけて乾燥焼きする。途中、半分乾燥したところで裏返す。
＊乾燥剤を入れた密閉容器で保存する。

ダークチェリーコンポート

材料　約900g分
ダークチェリー（缶詰）　460g
ダークチェリーのシロップ　220g
赤ワイン　190g　　グラニュー糖　50g
オレンジの皮　¼個分　　レモンの皮　¼個分
シナモン棒　½本
コーンスターチ　煮汁の2.5％量

❶ ダークチェリーのシロップ、赤ワイン、グラニュー糖、オレンジとレモンの皮、シナモン棒を合わせて沸騰させる。
❷ ダークチェリーを加えてもう一度沸騰させて火をとめ、30分そのままおく。漉す。
❸ 煮汁にコーンスターチを加えて沸騰させてごく軽くとろみをつけ、ダークチェリーをもどす。冷やす。

リンゴチップ

材料
リンゴ（紅玉）　2個
トレハ　160g　　水　240g

❶ リンゴは皮をむかずに8等分のくし形に切り、芯をとる。スライサーで横に1mm厚さにスライスする。
❷ トレハと水を合わせて沸騰させ、①のリンゴを入れてもう一度沸騰させ、火をとめる。このまま30分漬ける。
❸ シロップを切り、ベーキングシートに重ならないように並べる。余分なシロップはふきとる。
❹ 80〜90℃のオーブンで3〜5時間かけて乾燥焼きする。途中、半分乾燥したところで裏返す。
＊乾燥剤を入れた密閉容器で保存する。

シガレット生地のデコレーションパーツ

材料　生地約585g分
無塩バター　130g
粉糖　150g
生クリーム　20g
卵白　125g
薄力粉　160g

❶ バターをポマード状にし、粉糖を加えて泡立て器で混ぜ、生クリームも加える。
❷ 卵白を少しずつ加えて混ぜ、薄力粉も加えて混ぜる。
❸ 冷蔵庫で30分やすませる。
❹ 用途に応じて成形し、焼成する。

シュー生地のデコレーションパーツ

材料　生地約600g分
牛乳　100g
水　100g
無塩バター　90g
グラニュー糖　4g
塩　2g
薄力粉　110g
全卵　約200g

❶ 鍋に牛乳と水、バター、グラニュー糖、塩を入れて沸騰させる。
❷ 火からおろし、薄力粉を加えて泡立て器で手早く混ぜる。
❸ 鍋を中火にかけ、木ベラで力を入れて3分ほどよく練り混ぜる。鍋底に薄い膜が張ったら、すぐに火からおろす。
❹ すぐにミキサーボウルに移し、ビーターで低速で回し、全卵を1個分ずつをめどに少しずつ加えながら混ぜていく。最終的な生地の硬さは、木ベラですくうとポトンと落ち、木ベラに残った生地が三角形にたれるくらい。この硬さになるように全卵の量は加減する。
❺ 用途に応じて天板に絞りだし、オーブンで焼く。

うずまき（左）
❶ シュー生地を口径4mmの丸口金をつけた絞り袋に入れ、直径5cmのうずまき状に絞る。
❷ 170℃のオーブンで扉を少しあけた状態で、あまり膨らまないように約20分焼く。

スティック（中）
❶ シュー生地を口径4mmの丸口金をつけた絞り袋に入れ、10cm長さに細く絞る。
❷ 170℃のオーブンで扉を少しあけた状態で、あまり膨らまないように約20分焼く。自然に少し湾曲して焼きあがる。

カップ（右）
❶ 直径14cmボウルを逆さまにして置き、無塩バターを薄くぬり、薄力粉（各分量外）をまぶす。
❷ シュー生地を口径5mmの丸口金をつけた絞り袋に入れる。まずボウルの底の円周に沿って丸く絞り、その中に等間隔に5本絞る。次に円周から側面にたらすように、少しずつ重ねてだ円形に絞る。それぞれの先端に小さく丸く絞る。
❸ 170℃のオーブンで扉を少しあけた状態で、あまり膨らまないように約20分焼く。ボウルをはずす。

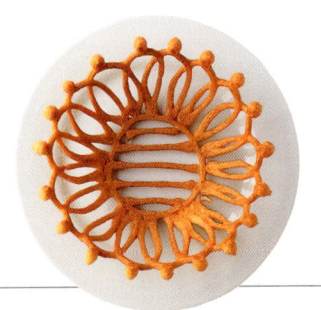

抹茶クランブル

材料　生地約560g分
無塩バター　100g　　グラニュー糖　176g
全卵　30g
薄力粉　80g　　抹茶　10g　　クルミ　160g

❶ ミキサーボウルに室温にもどしたバターとグラニュー糖を入れ、ビーターで混ぜる。
❷ 全卵を少量ずつ加えて混ぜる。
❸ 合わせてふるった薄力粉と抹茶も加えて混ぜ、刻んだクルミを加える。
❹ 天板に4mm厚さにのばす。170℃のオーブンで約30分焼く。
❺ 冷めたら、手でそぼろ状にくだく。

ヘーゼルナッツのパータフィロ（右）

材料　パータフィロ（約28cm×48cm）1枚分
パータフィロ　1枚　　澄ましバター（→P147）5g
グラニュー糖　50g
ヘーゼルナッツ（皮なし）　50g

❶ パータフィロに澄ましバターをハケでぬり、グラニュー糖ときざんだヘーゼルナッツをまんべんなくふる。
❷ 霧吹きで水をしっかりと吹きつけ、180℃のオーブンで約12分焼く。冷めてから適当な大きさに割る。
＊乾燥剤を入れた密閉容器で保存する。

ピスタチオのパータフィロ（左）

❶「ヘーゼルナッツのパータフィロ」と同様につくる（ヘーゼルナッツをピスタチオナッツに置きかえる）。

チョコレートサブレ

材料　生地約600g分
無塩バター　150g　　ブラウンシュガー　150g
┌ 薄力粉　120g
│ ヘーゼルナッツパウダー　75g
│ アーモンドパウダー　75g
└ ココアパウダー　30g

❶ バターはポマード状にし、ブラウンシュガーを加えて混ぜ、粉類も加えて混ぜる。冷蔵庫で1時間やすませる。
❷ 天板に4mm厚さにのばす。170℃のオーブンで約30分焼く。
❸ 用途に応じて、細かくくだくなどして使う。

ヘーゼルナッツのキャラメリゼ

材料　約260g分
グラニュー糖　60g
水　18g
ヘーゼルナッツ（ホウル・皮なし）　200g

❶ 鍋にグラニュー糖と水を入れ、115℃まで加熱する。
❷ 火をとめ、ヘーゼルナッツを加える。シロップが結晶化して1個ずつほぐれるまで木ベラでよく混ぜる。
❸ 中火にかけ、まわりがキャラメリゼするまで混ぜながら加熱する。
❹ ベーキングシートにあけ、すぐにフォークなどで1個ずつほぐして冷ます。
＊乾燥剤を入れた密閉容器で保存する。

ヌガー

材料　約150g分
グラニュー糖　100g　　アーモンドダイス　50g

❶ 鍋を中火にかけてグラニュー糖を薄く一面に入れ、溶けて半分くらい透きとおってきたら全体を混ぜ、残りのグラニュー糖も加えて溶かし混ぜる。すべて溶けたら、焦げ色をつけてキャラメリゼする。
❷ 全体に泡が噴きあがったら、アーモンドダイスを加えて混ぜる。
❸ ベーキングシートにあけ、上からベーキングシートをもう1枚かぶせ、麺棒を転がして薄くのす。このまま冷ます。
❹ 3mm角に刻む。
＊乾燥剤を入れた密閉容器で保存する。

白キクラゲコンポート

材料　約300g分
白キクラゲ　20g
グラニュー糖　75g
水　250g
アニゼット（リキュール）　20g

❶ 白キクラゲは水（分量外）に1時間浸けてもどし、ひと口大にカットする。
❷ グラニュー糖と水を沸騰させ、①を加えてもう一度沸騰したら、アニゼットを加える。
❸ このまま冷ましてひと晩漬ける。

ピスタチオのクラクラン（左）

材料　約160g分
グラニュー糖　100g　　水　30g
ピスタチオナッツ　30g

❶ 鍋にグラニュー糖と水を入れて115℃まで加熱し、火からおろしてピスタチオを加えて木ベラでよく混ぜる。
❷ 糖化して白くなったら、天板に広げる。160℃のオーブンに約10分入れる。冷ます。
＊乾燥剤を入れた密閉容器で保存する。

ピンククラクラン（右）
❶「ピスタチオのクラクラン」と同様につくる（ただしシロップをつくるときに赤の食用色素でピンク色に着色する）。

クコの実コンポート

材料　約250g分
グラニュー糖　80g
水　150g
オレンジの皮　1/8個分
クコの実　25g

❶ グラニュー糖と水、オレンジの皮を合わせて沸騰させる。
❷ クコの実を加え、もう一度沸騰したら火をとめる。
❸ このまま冷ましてひと晩漬ける。

オレンジゼストコンフィ

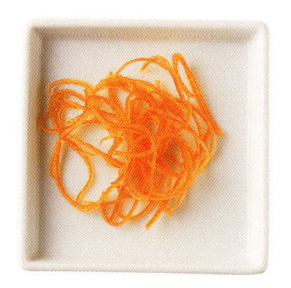

材料　オレンジ1個分
オレンジの皮（白ワタをとり除く）　1個分
グラニュー糖　100g
水　100g

❶ オレンジの皮は1〜2mm幅のせん切りにし、多めの水（分量外）で柔らかくなるまでゆでる。
❷ グラニュー糖と水を沸騰させ、①のオレンジの皮を加えてもう一度沸騰したら火をとめる。そのまま漬け込む。

チョコレートシート

フランボワーズのギモーブ

材料
グラニュー糖　230g　　転化糖（トレモリン）　170g
フランボワーズピュレ　150g
水　35g　　板ゼラチン　15g　　クエン酸　2g

❶ クエン酸以外の材料（ゼラチンは溶かす）を67％brix（糖度）になるまで煮つめ、クエン酸を加える。裏漉しする。
❷ 角が軽くおじぎするようになるまで泡立てる。
❸ バットなどに粉糖（分量外）をふり、絞る。
＊通常の形 → 口径10mmの丸口金で直径3cmに絞る。絞り終わりは角をピンと立てる。
＊うずまき形 → 口径8mmの丸口金で直径5cmのうずまき形に絞る。
❹ このままひと晩おいてから、粉糖をまぶす。

チョコレートシート（丸）

チョコレートのテンパリング

材料　約30cm×40cm1枚分
ブラックチョコレート　100g
（カカオ分55%）

❶ チョコレートをテンパリングし、防湿セロハンまたはチョコレート用シート（凸凹などの模様が入っている）上に流し、L字パレットで薄くぬり広げる。
❷ 上から防湿セロハンを空気が入らないようにぴったりとかぶせ、上からさらにカードでのばして1mm厚さほどまで薄くする。
❸ この状態で常温（15〜20℃）で固める。
❹ セロハンをはがし、用途に応じて割る、切る、または型でぬくなどして使う。型でぬく場合は、ガスバーナーで型の縁を温めてぬく。
＊15〜20℃の室温で3ヵ月ほど保存できる（夏場など30℃を超える場合は、密閉容器に入れて湿気を防いだ上で冷蔵庫で保管する）。

材料　直径約3cm100枚分
ブラックチョコレート　100g
（カカオ分55%）

❶ チョコレートをテンパリングし、セロハンでつくったコルネに入れる。
❷ 防湿セロハンまたはチョコレート用シート（同上）上に直径1cmに絞る。
❸ 防湿セロハンをかぶせ、上から底が平らな型などで薄く丸のばす。力の入れ加減で微妙なニュアンスがだせる。

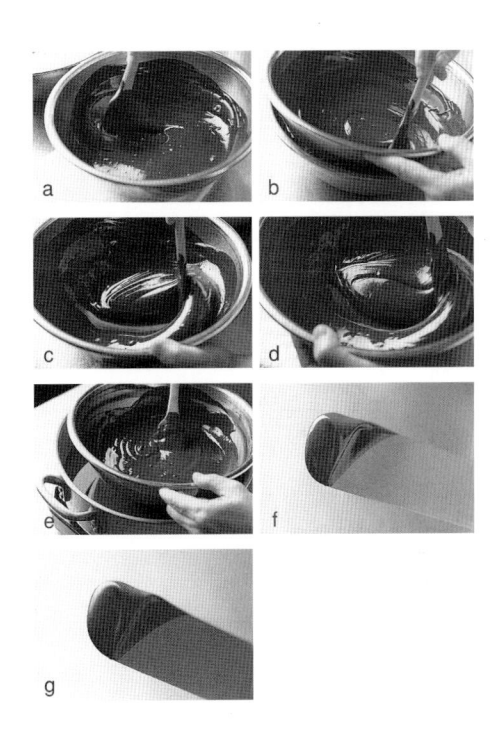

❶ ブラックチョコレートを細かくきざんでボウルに入れ、湯煎にあてて溶かす（a）。50℃に調整する。
❷ ①のボウルを氷水にあて、木ベラで混ぜる。縁のほうから固まってくるので、削りとるようにしながら混ぜ続ける（b）。
❸ 底でチョコレートが固まりだし、木ベラで混ぜてもボウルの底がみえなくなったら、氷水からはずしてさらに混ぜ続ける（c）。ボウルの底や縁以外はまだ温度が高いので、また溶けてくる。
❹ ②〜③を何回かくり返しながら、チョコレートの温度を28〜29℃まで下げる。もったりと固まりかけた状態になる（d）。
❺ このままでは温度が低くどんどん固まってしまうので、ふたたび湯煎に軽くあててよく混ぜながら（e）、30〜32℃まで温めてから使用する。
＊パレットナイフの先端につけたチョコレート（f）がきちんと固まれば（g）、テンパリングができている。
＊上記の温度はブラックチョコレートの場合で、チョコレートの種類によって多少異なる。ミルクチョコレートは④で27〜28℃まで温度を下げ、⑤でふたたび29〜30℃に上げる。ホワイトチョコレートは④で26〜27℃まで下げ、⑤でふたたび27〜29℃に上げる。
＊ただし、温度はカカオの含有量や銘柄、状態などによって微妙に変化するので、あくまで目安に。ボウルの底でチョコレートが固まることで判断を。
＊最低200gのチョコレートでテンパリングする。
＊他の手法もあるが、小規模な厨房では、このように氷水にあてながらのテンパリングが最適。
＊テンパリング後の余ったチョコレートは、次にテンパリングするときに半量を目安に混ぜて使ってもOK。

基本のパーツ

クレーム・シャンティイ

基本分量　約100g分
生クリーム（乳脂肪分45％）　100g
グラニュー糖　8g

❶ミキサーボウルに生クリームとグラニュー糖を入れ、ホイッパーで中高速で泡立てる。泡立て器で泡立てる場合は、ボウルを氷水にあてながら泡立てる。
＊6分立て：軽くとろみがついたくらいの状態。
＊7分立て：ボリュームはでてきたが、ホイッパーですくってもすぐに落ちる状態。
＊8分立て：柔らかい角が立つ。仕上げの飾りなどに使う場合は8分立てに泡立てる。
＊9分立て：角がピンと立つ。

メレンゲ

基本分量
卵白、グラニュー糖　レシピに応じる

❶ミキサーボウルに卵白とグラニュー糖のうち少量を入れ、ホイッパーで中高速で泡立てる。泡立ちはじめたら高速にし、ボリュームがでてきたら、残りのグラニュー糖も加えてさらに泡立てる。
＊8分立て：まだ柔らかく、ホイッパーですくうと角がトロリとおじぎする。
＊9分立て：しっかりとしてハリが増し、すくうと角の先端だけが少しおじぎする。

クレーム・パティシエール

基本分量　約280g分
┌ 牛乳　200g
└ バニラ棒　1/5本
┌ 卵黄　35g
└ グラニュー糖　50g
薄力粉　18g

❶鍋に牛乳、さいたバニラ棒を入れて沸騰させる。
❷ボウルに卵黄とグラニュー糖を入れ、泡立て器で白っぽくなるまですり混ぜる。薄力粉も加えて混ぜる。
❸②に①を加えて混ぜ、裏漉しして鍋にもどす。
❹中火にかけ、木ベラで鍋底をたえずまんべんなく混ぜながら沸騰させる。沸騰してすぐはもったりとして硬めだが、1～2分炊くとツヤがでてコシが抜け、すくうとスーッと落ちるくらい柔らかくなる。この状態になるまできちんと炊く。
❺すぐにボウルにあけ、表面にラップをぴったりとかぶせ、氷水にあてるなどしてなるべく早く冷やす。
❻泡立て器で混ぜて柔らかい状態にもどして使う。

ディプロマットクリーム

基本分量　約380g分
クレーム・パティシエール（→左記）　280g
生クリーム（乳脂肪分45％）　100g

❶クレーム・パティシエールを泡立て器で混ぜてなめらかにする。
❷生クリームを9分立てに泡立てる。
❸①と②を混ぜ合わせる。

クレーム・ダマンド

基本分量　約575g分
無塩バター　150g
粉糖　150g
全卵（室温）　125g
アーモンドパウダー　150g

❶ミキサーボウルにバターと粉糖を入れ、ビーターで低速で混ぜる。
❷だいたい混ざったら中速にし、全卵を少しずつ加えて混ぜる。
❸アーモンドパウダーも加えてさらに混ぜる。全体が混ざればいい。
❹冷蔵庫で1時間やすませてから使う。
＊冷蔵で5日間保存できる。

ジェノワーズ生地

基本分量　直径18cm×高さ5cmセルクル1台分
┌ 全卵　135g
│ 卵黄　15g
└ グラニュー糖　90g
┌ 無塩バター　18g
└ 牛乳　18g
薄力粉　90g

❶ミキサーボウルに全卵と卵黄、グラニュー糖を入れ、湯煎にあてながらホイッパーで混ぜる。
❷人肌になったら湯煎をはずし、高速でリボン状にとろりとたれるようになるまでしっかりと泡立てる。
❸バターと牛乳を合わせて温め、バターを溶かす。
❹②に薄力粉を少しずつ加えながら、ゴムベラでていねいに混ぜる。
❺④のうち少量を③に加えて混ぜ合わせ、これをもどして混ぜる。
❻セルクルに流し入れ、160℃のオーブンで約40分焼く。

パート・シュクレ

基本分量　生地約1145g分
無塩バター　300g
粉糖　180g
全卵（室温）　90g
┌ 薄力粉　500g
└ アーモンドパウダー　75g

❶ ミキサーボウルに室温にもどして硬めのポマード状にしたバターと粉糖を入れ、ビーターで中低速で混ぜる。
❷ 混ざったら、全卵を3、4回に分けて少しずつ加えながら混ぜる。
❸ 粉類を加えてさらに混ぜる。全体が混ざって粗い状態にまとまればいいので、混ぜすぎないように。
❹ ラップで包み、冷蔵庫で最低1時間やすませてから使う。
❺ 用途に応じた厚さに麺棒でのし、成形・焼成する。
＊パート・シュクレはサックリとした甘みのある練りパイ生地。

パート・ブリゼ

基本分量　生地約460g分
無塩バター　125g
薄力粉　250g
┌ 卵黄　20g
│ グラニュー糖　10g
│ 塩　4g
└ 冷水　50g

❶ バターは1cm角にカットする。指で押すとつぶれるが、角は柔らかくなっていない状態まで室温にもどす。
❷ ミキサーボウルに薄力粉と①のバターを入れ、ビーターで低速でサラサラになるまで混ぜる。
❸ 卵黄とグラニュー糖、塩、冷水を混ぜる。
❹ ②に③を一度に加え、全体がまとまるまで混ぜる。
❺ ラップで包み、冷蔵庫で最低1時間やすませてから使う。
❻ 用途に応じた厚さに麺棒でのし、成形・焼成する。
＊パート・ブリゼはほろほろともろい歯ざわりのほの甘い練りパイ生地。
＊手で練り混ぜる場合は、②でボウルに薄力粉とバターを入れ、カードで細かくなるまで刻んでから、さらに両手ですり合わせながらバターをサラサラの状態になるまで細かくする。あとは上記と同様に。

パート・フィユテ

基本分量　生地約605g分
┌ 冷水　125g
│ 溶かし無塩バター　35g
└ 塩　5g
┌ 強力粉　125g
└ 薄力粉　125g
無塩バター（折込み用）　190g

❶ 冷水に溶かしバターを加えて泡立て器で手早く混ぜ、塩も加えて混ぜる。
❷ ミキサーボウルに粉類と①を入れ、フックで低速で混ぜる。全体がまとまればいい。
❸ 台にとりだして軽くまとめ、ラップで包んで冷蔵庫で1時間やすませる。
❹ 折込み用バター（直前まで冷蔵庫に入れておく）を麺棒で叩いて15cm角にのばす。
❺ ③の生地を26cm角にのばし、④のバターを角をずらしてのせる。生地の四隅を中央に折りたたんでバターをぴったりと包み、麺棒で押して生地とバターをよくなじませる。
❻ のばして3つ折り（生地の両端から⅓ずつ折りたたむ）をし、生地の向きを90度回し、もう一度のばして3つ折りをする。打ち粉（強力粉・分量外）は適宜。冷蔵庫で1時間やすませる。これをあと2回くり返す。
❼ 用途に応じた厚さに麺棒でのし、成形・焼成する。
＊パート・フィユテはバターを層状に折り込む折りパイ生地。
＊冷凍庫で保存可能。冷蔵庫に移して解凍してから使う。

澄ましバター

基本分量
無塩バター　適量

❶ バターを電子レンジで加熱して溶かす。しばらくおくと2層に分離するので、そのまま冷蔵庫で冷やし固める。
❷ 固まったら、上層部を澄ましバターとして使用する。
＊100gのバターから約80gの澄ましバターができる。

ラムレーズン

基本分量
レーズン　100g
ダークラム　100g　水　50g

❶ ボウルに材料を入れてラップをかけ、湯煎に15分かける。
＊冷蔵庫で1ヵ月ほど保存できる。

エキストラカフェ

基本分量
グラニュー糖　150g　水　45g
コーヒー（濃いめにいれる）　150g
インスタントコーヒー（粉）　30g

❶ グラニュー糖と水を190℃まで加熱し、コーヒーとインスタントコーヒーを順に加える。冷ます。

おもな素材別INDEX

● おもな素材別に「フルーツ」「野菜・ハーブ」「ナッツ・オリーブ・ゴマ」「豆」「チョコレート」「乳製品」「米・タピオカ」「コーヒー・ティー」「生地・パン」「アルコール」「その他」の順に、五十音順にまとめています（ごく一般的な材料は省略）。

【フルーツ】

アンズ（杏仁）
杏仁プリンとメロンソース　44・46
杏とバナナのクランブルパイ　108・110

イチゴ
ストロベリーアニスシャーベット＋苺チップ　21・22
スコーンのアイスクリームサンド　25・27
苺ミルクプリン　41・43
パヴェ・フロマージュの苺仕立て　96・98
苺スープ　96・98
ストロベリーキャッスル　97・99
ラブリーストロベリー　97・99

イチジク
洋梨のシャーベット＋いちじくの赤ワインコンポート　21・22
いちじくの赤ワインコンポート　69・71
いちじくのパイ　109・111

大石プラム
大石プラムのシャーベット＋フランボワーズのギモーブ　21・23
桃のシュー　77・79

オレンジ
オレンジのグラニテ＋オレンジゼストコンフィ　20・22
オレンジのゼリー　49・51
パイナップル、マンゴー＋エキゾチックシロップ　64・66
オレンジ、グレープフルーツ＋レモングラスソーダ　64・66
オレンジのグレナデンコンポート　69・71
オレンジの蒸し焼きショコラ　92・94
バナナとパイナップルのクレープ・シュゼット　105・107
オレンジクロワッサンプディング　112・114
ホットオレンジハニー　125・127
ベリーオランジュ　125・127
チョコオレンジ　133・137

グレープフルーツ
グレープフルーツのグラニテ＋カンパリフランボワーズ　21・23
パッションフルーツのパンナコッタとミントグレープフルーツのグラニテ　41・43
オレンジ、グレープフルーツ＋レモングラスソーダ　64・66

スイカ
スイカ、フランボワーズ＋ルージュシロップ　65・67

ダークチェリー
バニラアイスクリーム＋ダークチェリーコンポート　12・14
レモングラスのパンナコッタとダークチェリーコンポート　45・47
ダークチェリーのクロワッサンプディング　112・114

ネクタリン
ネクタリンのレモンコンポート　68・70
ネクタリンのタルト　109・111

パイナップル
バニラアイスクリーム＋スライスパイナップル＋マンゴーパッションソース　9・11
バニラアイスクリーム＋パッションリキュール＋パイナップルソテー＋アーモンドダイスのシガレット生地　16・19
パイナップル、マンゴー＋エキゾチックシロップ　64・66
パイナップルとバナナのサマースフレ　61・63
パイナップルソテーのシュー　85・87
バナナとパイナップルのクレープ・シュゼット　105・107
パイナップルのボストック風タルト　113・115
パイナップルライムソーダ　124・126

白桃
桃のムース・グラッセ　桃のゼリーとともに　29・31
白桃＋マンゴービネガー　64・66
桃の白ワインコンポート　68・70
桃のシュー　77・79
桃のソーダ　125・127
桃のシャンパン　129・131

パッションフルーツ
バニラアイスクリーム＋スライスパイナップル＋マンゴーパッションソース　9・11
ライムのムース・グラッセ　マンゴーパッションのサプライズ　32・34
パッションフルーツのパンナコッタとミントグレープフルーツのグラニテ　41・43
パイナップルとバナナのサマースフレ　61・63
パッションフルーツのサマースフレ　61・63
パッション・バナナのフォンダン・ショコラ　89・91
パッションフルーツのマカロン　133・137

バナナ
チョコレートアイスクリーム＋ラム酒＋バナナのキャラメリゼ＋アングレーズソース　16・18
パイナップルとバナナのサマースフレ　61・63
パッション・バナナのフォンダン・ショコラ　89・91
バナナとパイナップルのクレープ・シュゼット　105・107
杏とバナナのクランブルパイ　108・110
ブリオッシュのバナナトースト　113・115
バナナソテーのサヴァラン　113・115

ブドウ（巨峰、デラウェア、マスカット）
ブドウのグラニテ＋巨峰　20・22
アスパラガスのパンナコッタ　45・47
ブドウのゼリー　49・51
巨峰のタルト　108・110

フランボワーズ
バニラアイスクリーム＋ベリーコンポート　13・14
グレープフルーツのグラニテ＋カンパリフランボワーズ　21・23
ギモーブのアイスクリームサンド　25・26
フランボワーズのムース・グラッセ　二色のフルーツ仕立て　28・30
フランボワーズ・シャンパンゼリー　53・55

フランボワーズのサマースフレ　61・62
　　スイカ、フランボワーズ＋ルージュシロップ　65・67
　　フランボワーズのレミントン　73・74
　　フランボワーズのシュー　85・87
　　フランボワーズの蒸し焼きショコラ　93・95
　　フランボワーズのスフレ　117・119
　　ベリーオランジュ　125・127
　　蒸し焼きショコラ　132・134
　　フランボワーズのマカロナードタルト　132・135
　　フランボワーズのマカロン　133・136
　ベリー類（ブルーベリー、クランベリーなど）
　　バニラアイスクリーム＋ベリーコンポート　13・14
　　スコーンのアイスクリームサンド　25・27
　　キール・ロワイヤルゼリー　52・54
　　ブルーベリーとチーズ風味のシュー　84・86
　　フランボワーズのシュー　85・87
　　ブルーベリーのクランブルパイ　109・111
　　ベリーオランジュ　125・127
　マンゴー
　　バニラアイスクリーム＋スライスパイナップル
　　＋マンゴーパッションソース　9・11
　　ライムのムース・グラッセ
　　マンゴーパッションのサプライズ　32・34
　　マンゴープリン　44・46
　　パイナップルとバナナのサマースフレ　61・63
　　パイナップル、マンゴー＋エキゾチックシロップ　64・66
　　白桃＋マンゴービネガー　64・66
　　パッション・バナナのフォンダン・ショコラ　89・91
　　ストロベリーキャッスル　97・99
　　マンゴージンジャーエール　125・127
　　マンゴーヨーグルト　128・130
　メロン
　　杏仁プリンとメロンソース　44・46
　　2色のメロン＋ミントシロップ　65・67
　　メロンのシュー　77・79
　洋梨
　　洋梨のシャーベット＋いちじくの赤ワインコンポート　21・22
　　洋梨の紅茶コンポート　69・71
　　洋梨の薄焼きパイ　109・111
　ライチ
　　ライチのグラニテ＋ナタデココ　20・22
　　ライチのゼリー　49・51
　ライム
　　ライムのムース・グラッセ
　　マンゴーパッションのサプライズ　32・34
　　レモンライムのゼリー　49・51
　　ライム・シャンパンゼリー　52・54
　リンゴ
　　バニラアイスクリーム
　　＋リンゴジャム＋リンゴチップ　9・11
　　バニラアイスクリーム＋カルバドス＋リンゴソテー　16・18
　　リンゴソテーのシュー　76・78
　　青リンゴのお花畑ムース　100・102
　　リンゴのキャラメリゼのカルバドスムース　100・102

　　焼きリンゴ　101・103
　　リンゴとリコッタのムース　101・103
　　リンゴのロールクレープ　104・106
　　紅玉リンゴのパイ　108・110
　　リンゴソーダ　128・130
　レモン
　　レモンライムのゼリー　49・51
　　ネクタリンのレモンコンポート　68・70
【野菜・ハーブ】
　アスパラガス
　　アスパラガスのパンナコッタ　45・47
　カボチャ
　　パンプキンプリン　57・59
　　パンプキンのスフレ　117・119
　　パンプキンミルク　129・131
　ショウガ
　　生姜のミルクプリンに温かい抹茶を注いで　37・39
　　ホームメイド・ジンジャーエール　124・126
　トマト
　　トマトのグラニテ＋プチトマト
　　＋ピンクペッパーのシガレット生地＋黒コショウ　21・23
　　トマトとバジルのスコーン　121・122
　レモングラス
　　レモングラスのパンナコッタと
　　ダークチェリーコンポート　45・47
　　レモングラスのゼリー　48・50
　　オレンジ、グレープフルーツ＋レモングラスソーダ　64・66
　　桃のシュー　77・79
　　レモングラスソーダ　129・131
【ナッツ・オリーブ・ゴマなど】
　アーモンド
　　カリカリアーモンドメレンゲのアイスクリームサンド　24・26
　　ブリオッシュトーストのアイスクリームサンド　25・27
　　プロフィットロール　81・83
　　コーヒーのフォンダン・ショコラ　88・90
　　月餅　132・136
　栗
　　チョコレートのムース・グラッセ モンブラン仕立て　33・35
　　栗とお米のババロワ　40・42
　　栗入りカプチーノプリン　57・59
　　プチシューのモンブラン　80・82
　　栗のミルクレープ　105・107
　　栗のパイ　108・110
　　栗のスフレ　117・118
　　マロンシェイク　129・131
　　栗のマカロナードタルト　132・134
　クルミ
　　バニラアイスクリーム＋クルミキャラメルソース
　　＋シガレット生地のカップ　8・11
　　くるみクッキー　132・136
　黒オリーブ
　　オリーブとローズマリーのスコーン　121・123
　黒ゴマ
　　バニラアイスクリーム＋黒ごまペースト
　　＋黒ごまのシガレット生地＋アングレーズソース　17・19

ごまのブランマンジェ　36・38
　　黒ごまのシュー　84・86
　ココナッツ
　　ライムのムース・グラッセ
　　マンゴーパッションのサプライズ　32・34
　　水出し珈琲のブランマンジェ　40・42
　　マンゴープリン　44・46
　　ストロベリーキャッスル　97・99
　ピスタチオナッツ
　　バニラアイスクリーム＋ピスタチオペースト
　　＋ピスタチオのパータフィロ　17・19
　　カリカリアーモンドメレンゲのアイスクリームサンド　24・26
　　ピスタチオのプリン　56・58
　　ピスタチオとチョコレートのサマースフレ　60・62
　　ピスタチオの蒸し焼きショコラ　92・94
　　ピスタチオのスフレ　117・118
　ヘーゼルナッツ
　　バニラアイスクリーム＋ヘーゼルナッツペースト
　　＋ヘーゼルナッツのパータフィロ　17・19
　　ヘーゼルナッツのプリン　56・58
　　ミルクチョコレートとコーヒープリンの
　　茶巾クレープ　104・106
【豆】
　小豆
　　バニラアイスクリーム＋抹茶ペースト
　　＋シガレット生地の貝殻＋小豆　16・18
　　ごまのブランマンジェ　36・38
　　抹茶のフォンダン・ショコラ　89・91
　うぐいす豆
　　抹茶のパンナコッタ　36・39
　黒豆
　　生姜のミルクプリンに温かい抹茶を注いで　37・39
　　黒ごまのシュー　84・86
　　黒豆フィナンシェ　133・136
【チョコレート】
　チョコレート
　　チョコレートアイスクリーム
　　＋チョコレートサブレ＋チョコレートソース　13・15
　　チョコレートのムース・グラッセ　モンブラン仕立て　33・35
　　ミルクチョコレートとコーヒーのプリン　56・58
　　ピスタチオとチョコレートのサマースフレ　60・62
　　チョコレートのレミントン　72・74
　　プロフィットロール　81・83
　　チョコプチシュー　81・83
　　コーヒーのフォンダン・ショコラ　88・90
　　抹茶のフォンダン・ショコラ　89・91
　　パッション・バナナのフォンダン・ショコラ　89・91
　　ピスタチオの蒸し焼きショコラ　92・94
　　オレンジの蒸し焼きショコラ　92・94
　　フランボワーズの蒸し焼きショコラ　93・95
　　ミルクチョコレートとコーヒープリンの
　　茶巾クレープ　104・106
　　栗のスフレ　117・118
　　チョコレートのスフレ　117・119
　　トンカ豆のミルクココア　124・126
　　蒸し焼きショコラ　132・134
　　チョコモカタルト　132・135
　　チョコオレンジ　133・137
　ホワイトチョコレート
　　フランボワーズのレミントン　73・74
　　抹茶のレミントン　73・75
【乳製品】
　コンデンスミルク
　　トフィーミルク　128・130
　チーズ（エダム、パルミジャーノ、リコッタ、クリームチーズ）
　　パヴェ・フロマージュの苺仕立て　96・98
　　リンゴとリコッタのムース　101・103
　　エダムチーズのスコーン　120・122
　　チーズパイ　133・137
　チョコレートアイスクリーム
　　チョコレートアイスクリーム
　　＋チョコレートサブレ＋チョコレートソース　13・15
　　チョコレートアイスクリーム＋ラム酒
　　＋バナナのキャラメリゼ＋アングレーズソース　16・18
　　ブラウニーのアイスクリームサンド　25・26
　バニラアイスクリーム
　　バニラアイスクリーム＋キャラメルソース
　　＋シガレット生地のカップ　8・11
　　バニラアイスクリーム＋スライスパイナップル
　　＋マンゴーパッションソース　9・11
　　バニラアイスクリーム＋リンゴジャム＋リンゴチップ　9・11
　　バニラアイスクリーム＋抹茶クランブル
　　＋抹茶ホワイトチョコソース　12・14
　　バニラアイスクリーム＋ダークチェリーコンポート　12・14
　　バニラアイスクリーム＋ベリーコンポート　13・14
　　バニラアイスクリーム＋カルバドス＋リンゴソテー　16・18
　　バニラアイスクリーム＋抹茶ペースト
　　＋シガレット生地の貝殻＋小豆　16・18
　　バニラアイスクリーム
　　＋パッションリキュール＋パイナップルソテー
　　＋アーモンドダイスのシガレット生地　16・19
　　バニラアイスクリーム＋黒ごまペースト
　　＋黒ごまのシガレット生地＋アングレーズソース　17・19
　　バニラアイスクリーム＋ピスタチオペースト
　　＋ピスタチオのパータフィロ　17・19
　　バニラアイスクリーム＋ヘーゼルナッツペースト
　　＋ヘーゼルナッツのパータフィロ　17・19
　　カリカリアーモンドメレンゲのアイスクリームサンド　24・26
　　ギモーブのアイスクリームサンド　25・26
　　ブリオッシュトーストのアイスクリームサンド　25・27
　　スコーンのアイスクリームサンド　25・27
【米・タピオカ】
　米
　　栗とお米のババロワ　40・42
　タピオカ
　　マンゴープリン　44・46
【コーヒー・ティー】
　アールグレイティー
　　アールグレイのゼリー　48・51
　　洋梨の紅茶コンポート　69・71

エスプレッソコーヒー、コーヒー
　コーヒーのグラニテ＋カスタードソース　21・23
　水出し珈琲のブランマンジェ　40・42
　ミルクチョコレートとコーヒーのプリン　56・58
　栗入りカプチーノプリン　57・59
　コーヒーのフォンダン・ショコラ　88・90
　ミルクチョコレートとコーヒープリンの
　　茶巾クレープ　104・106
　コーヒーのスフレとアングレーズソース　117・119

ジャスミンティー
　ジャスミンのゼリー　48・50

鉄観音茶
　抹茶のパンナコッタ　36・39

プーアールティー
　プーアール茶のプリン　57・59

抹茶
　バニラアイスクリーム＋抹茶クランブル
　　＋抹茶ホワイトチョコソース　12・14
　バニラアイスクリーム＋抹茶ペースト
　　＋シガレット生地の貝殻＋小豆　16・18
　抹茶のパンナコッタ　36・39
　生姜のミルクプリンに温かい抹茶を注いで　37・39
　抹茶のレミントン　73・75
　抹茶エクレア　80・82
　抹茶プロフィットロール　81・83
　抹茶のフォンダン・ショコラ　89・91
　抹茶ミルク　128・130

ローズ
　ローズのゼリー　48・50

【生地・パン】
クロワッサン
　ダークチェリーのクロワッサンプディング　112・114
　オレンジクロワッサンプディング　112・114

シガレット生地
　バニラアイスクリーム＋クルミキャラメルソース
　　＋シガレット生地のカップ　8・11
　バニラアイスクリーム＋抹茶ペースト
　　＋シガレット生地の貝殻＋小豆　16・18
　バニラアイスクリーム
　　＋パッションリキュール＋パイナップルソテー
　　＋アーモンドダイスのシガレット生地　16・19
　バニラアイスクリーム＋黒ごまペースト
　　＋黒ごまのシガレット生地＋アングレーズソース　17・19
　トマトのグラニテ＋プチトマト
　　＋ピンクペッパーのシガレット生地＋黒コショウ　21・23

スコーン
　スコーンのアイスクリームサンド　25・27

パータフィロ
　バニラアイスクリーム＋ピスタチオペースト
　　＋ピスタチオのパータフィロ　17・19
　バニラアイスクリーム＋ヘーゼルナッツペースト
　　＋ヘーゼルナッツのパータフィロ　17・19

ブラウニー
　ブラウニーのアイスクリームサンド　25・26

ブリオッシュ
　ブリオッシュトーストのアイスクリームサンド　25・27
　ブリオッシュのバナナトースト　113・115
　パイナップルのボストック風タルト　113・115

【アルコール】
赤ワイン
　洋梨のシャーベット＋いちじくの赤ワインコンポート　21・22
　いちじくの赤ワインコンポート　69・71
　ヴァン・ショー　124・126

アニゼット
　ストロベリーアニスシャーベット＋苺チップ　21・22
　苺スープ　96・98

カルバドス
　バニラアイスクリーム＋カルバドス＋リンゴソテー　16・18
　リンゴソテーのシュー　76・78

カンパリ
　グレープフルーツのグラニテ
　　＋カンパリフランボワーズ　21・23
　フランボワーズ・シャンパンゼリー　53・55

クレーム・ド・カシス
　キール・ロワイヤルゼリー　52・54

シャンパン
　キール・ロワイヤルゼリー　52・54
　ライム・シャンパンゼリー　52・54
　フランボワーズ・シャンパンゼリー　53・55
　ミント・シャンパンゼリー　53・55

白ワイン
　桃の白ワインコンポート　68・70

ダークラム
　チョコレートアイスクリーム＋ラム酒
　　＋バナナのキャラメリゼ＋アングレーズソース　16・18

パスティス
　洋梨のシャーベット＋いちじくの赤ワインコンポート　21・22

パッションリキュール
　バニラアイスクリーム
　　＋パッションリキュール＋パイナップルソテー
　　＋アーモンドダイスのシガレット生地　16・19

ミントリキュール
　ミント・シャンパンゼリー　53・55
　2色のメロン＋ミントシロップ　65・67

【その他】
キャラメルソース
　バニラアイスクリーム＋クルミキャラメルソース
　　＋シガレット生地のカップ　8・11
　キャラメルプチシュー　80・82
　紅玉リンゴのパイ　108・110
　いちじくのパイ　109・111

トンカ豆
　トンカ豆のミルクココア　124・126

フランボワーズのギモーブ
　大石プラムのシャーベット
　　＋フランボワーズのギモーブ　21・23
　ギモーブのアイスクリームサンド　25・26
　ストロベリーキャッスル　97・99

菓子工房オークウッド
横田秀夫のアイデアデザート163

初版印刷　2010年1月28日
初版発行　2010年2月10日

著者©　横田秀夫（よこた　ひでお）
発行者　土肥大介
発行所　株式会社 柴田書店
　　　　東京都文京区湯島3-26-9 イヤサカビル 〒113-8477
　　　　書籍編集部　03-5816-8260
　　　　営業部　　　03-5816-8282（お問合せ）
　　　　URL　http://www.shibatashoten.co.jp

印刷・製本　大日本印刷 株式会社
ISBN 978-4-388-06069-6

・乱丁・落丁本はご返送ください。お取り替えいたします。
・本書収録内容の無断転載・複写（コピー）・引用・データ配信などの行為は固く禁じます。

Printed in Japan